最高人民检察院
第二十一批指导性案例
适用指引

服务保障民营经济

最高人民检察院第六检察厅　编著

中国检察出版社

图书在版编目（CIP）数据

最高人民检察院第二十一批指导性案例适用指引．服务保障民营经济/最高人民检察院第六检察厅编著．—北京：中国检察出版社，2023.3

ISBN 978－7－5102－2831－5

Ⅰ.①最… Ⅱ.①最… Ⅲ.①案例－汇编－中国②民营企业－民事诉讼－案例－中国 Ⅳ.①D920.5

中国国家版本馆CIP数据核字(2023)第047706号

最高人民检察院第二十一批指导性案例适用指引（服务保障民营经济）

最高人民检察院第六检察厅　编著

责任编辑： 王伟雪
技术编辑： 王英英
美术编辑： 曹　晓

出版发行： 中国检察出版社
社　　址： 北京市石景山区香山南路109号（100144）
网　　址： 中国检察出版社（www.zgjccbs.com）
编辑电话：（010）86423797
发行电话：（010）86423726　86423727　86423728
（010）86423730　86423732
经　　销： 新华书店
印　　刷： 河北宝昌佳彩印刷有限公司
开　　本： 710 mm×960 mm　16开
印　　张： 16.5
字　　数： 190千字
版　　次： 2023年3月第一版　　2023年3月第一次印刷
书　　号： ISBN 978－7－5102－2831－5
定　　价： 50.00元

《最高人民检察院第二十一批指导性案例适用指引》
编　委　会

加强民事检察监督　精准服务民企发展

——最高人民检察院副检察长张雪樵就第二十一批指导性案例的发言

2018年11月1日，习近平总书记在民营企业座谈会上发表重要讲话，以“三个没有变”充分肯定了我国民营经济的重要地位和作用。2020年7月21日，习近平总书记在企业家座谈会上再次强调指出，要平等保护包括民营企业在内的各类所有制企业产权和自主经营权，保护和激发市场主体活力，完善各类市场主体公平竞争的法治环境。为贯彻落实党中央关于做好“六稳”工作、落实“六保”任务的重大决策部署，主动服务统筹推进疫情防控和经济社会发展工作，克服新冠肺炎疫情对包括民营企业在内的各类市场主体带来的不利影响，促进恢复正常经济社会秩序，7月22日，最高人民检察院下发《〈关于充分发挥检察职能服务保障“六稳”“六保”的意见〉的通知》，要求各地检察机关平等保护各类市场主体，加大对涉民营经济各类案件的法律监督力度，紧盯重点环节和重点领域，强化检察监督，维护、促进司法公正。

最高人民检察院发布的四个有关民营经济司法保护的指导性案例，主要目的是为营造适应民营经济高质量发展的法治化营商环境提供有力的司法保障。近年来，全国各级检察机关不断提升司法办案能力、检察履职能力，在司法办案中落实习近平总书记提出的“两个毫不动摇”和“三个没有变”的总体要求，充分发挥法治保民生、固根本、稳预期、利长远的功能，为民营经济健康发展提供更加有力的法治保障，开展了以下工作：

一、充分发挥民事检察职能，依法保护民营企业及其经营者合法权益

全国各级检察机关认真贯彻落实精准监督工作理念，依法审查涉民营经济民事监督案件，通过司法办案落实对民营企业平等保护精神，为民营企业健康发展保驾护航，努力让民营企业及其经营者在每一起司法案件中感受到公平正义。

一是积极通过抗诉、提出检察建议等方式，加强对涉民营经济案件的司法监督，有效保障民营企业及其经营者的合法权益。法治是最好的营商环境。各地检察机关依法履行民事检察职责，加强对涉民营经济案件的法律监督，用法治维护好民营企业的合法权益，让民营企业家安心经营、专心发展、全心创新。如浙江省人民检察院办理的丙投资企业申请监督一案，审查发现生效判决适用公司人格否认让股东承担巨额财产责任存在错误，遂依法抗诉。法院经审查认定股东没有滥用公司法人独立地位和股东有限责任逃避债务，采纳抗诉意见，改判股东不承担责任，为股东挽回巨额经济损失，增强了投资者信心。各地检察机关在办理此类案件时，应在具体案件中依据特定的法律事实和法律关系，综合判断和审慎适用，依法区分股东与公司的各自财产，维护市场主体的独立性和正常的经济秩序。

二是依法办理一批虚假诉讼案件，维护社会诚信与市场秩序，为民营经济发展提供法治化营商环境。民商事领域存在的虚假诉讼现象，不仅严重侵害案外人合法权益，破坏社会诚信，也

扰乱了正常的诉讼秩序。各地检察机关积极发挥民事检察职能，依法查办了一批涉民营企业的虚假诉讼案件，特别是在虚假诉讼集中的领域开展精准监督，维护司法公正和司法权威，助力社会诚信体系建设。检察机关一方面加大对虚假诉讼的打击力度，有效遏制其增长势头；另一方面对办案中发现的倾向性、趋势性问题，及时加强与相关职能部门的沟通协调，提出检察建议，堵塞管理漏洞，促进社会治理能力的提升，引导市场主体诚信公平有序竞争。

三是加强对违法执行行为的监督，重点解决违法查封、扣押、冻结民营企业财产等产权保护中的突出问题。查封、扣押、冻结等强制执行措施一旦违法使用，将限制企业生产要素的自由流动，降低市场主体创造社会财富的能力和活力。纠正明显超标的额的违法查封行为，对于盘活企业资产，激发企业活力，特别是保障民营企业的可持续发展十分重要。各地检察机关积极作为，依法监督因不依法履行执行职责及错误采取执行措施、错误处置执行标的物、错误追加被执行人，致使当事人或利害关系人、案外人财产受到侵害的一批案件。如湖北省襄阳市樊城区人民检察院办理的该区人民法院明显超标的额违法查封被执行人财产案件，通过发出检察建议，督促执行法院解除违法查封的商品房，使该民营企业的商品房得以正常销售，资金得以回流，经营恢复正常，最大限度地维护了企业的合法权益。

四是不断提升依法高效化解矛盾纠纷的能力水平，提高司法效率。各地检察机关民事检察部门兼顾公平与效率，主动作为，积极探索和运用适应市场经济需要、便捷高效的矛盾纠纷化解机制，推动涉民营经济民事案件和解工作，在依法自愿前提下，引导当事人案结事了人和、共谋发展。福建省人民检察院办理的科技企业与物业公司物业服务合同纠纷案，既查清案件中的事实与法律，又跳出纠纷多方引导民营企业换位思考，促使双方当事人达成和解协议并即时履行完毕，塑造了和谐共赢的营商环境。

二、建章立制，营造适应经济高质量发展的法治营商环境

全国各级检察机关全面贯彻落实平等保护理念，既处理好一案一事，同时构建长效机制，确保涉民营企业纠纷得到公平公正处理。

一是制定适应市场经济发展的司法文件，为护航民营经济提供制度依据。最高人民检察院先后制定发布系列有关民营经济司法保护的规范性文件，各地检察机关亦积极回应本地民营经济的司法需求，尊重经济规律，因地制宜出台相关机制，为民营经济发展保驾护航。如上海市人民检察院深入调研了解民营企业司法需求，出台服务保障优化营商环境的20条意见和进一步服务保障专项行动方案，从制度、机制上为服务民营经济提供保障。北京、天津、辽宁、青海、广西、新疆等省级检察院也通过出台规范性文件、建立工作制度等方式，把关注支持保障民营经济发展作为民事检察工作的重点工作，务实高效推进。

二是尊重民营经济主体地位，成立专门机构，为护航民营经济发展提供组织保障。一些地方检察机关尊重民营经济主体地位，提升对民营企业提供司法服务和保障的针对性和专业性，成立专门机构，靶向定位，破解难题，为该项工作顺利开展提供有力保障。如浙江省宁波市人民检察院成立了护航民营经济健康发展领导小组，每月汇集报送全市办理涉民营经济的民事监督案件

数据。广东省人民检察院成立依法保护产权工作领导小组，负责协调、组织服务、保障民营经济相关工作，突出强调对民营企业和企业家产权保护。江西省人民检察院成立了由各检察业务部门骨干组成的非公经济维权工作办公室，自2018年11月成立以来，共办理涉及民营企业的民事监督案件55件，在维护民营企业和民营企业家合法权益方面发挥了重要作用。

三是加强融合互动，构建保护民营经济发展的工作合力。一方面，强化担当，主动与当地工商联和相关行业商会之间联系沟通。各地检察机关运用主动走访、联合召开座谈会、联合出台文件、开展联合调研、设立派驻机构等方式，建立与工商联深入合作的长效工作机制，共同推动保护民营经济发展相关工作的开展。如四川省人民检察院与省工商联联合召开依法保障和促进非公经济健康发展座谈会，建立常态化沟通联络等六项工作机制，细化、实化了22条服务保障措施。贵州省检察机关开展“检察长、董事长两长座谈会”，为企业健康发展贡献检察智慧。山东省人民检察院与省工商联签订合作框架协议。黑龙江省、海南省检察机关在工商联设立联络机构，提供“面对面”的司法保障服务。另一方面，积极参与、深入推进与其他单位交流合作。一些地方检察机关在服务和保障民营企业健康发展工作中，加强与人大、公安、法院、司法局等部门协作联动，共同维护市场营商环境。如山西省吕梁市、县两级检察机关抓住当地人大开展执行工作专项监督活动的契机，向人大做专题汇报，促进完善服务保障民营经济的各项举措。河南省人民检察院、福建省人民检察院联合法院、公安部门会签文件，加强和改进涉产权司法保护制度建设。宁夏银川市人民检察院联合工商、公安等部门搭建知识产权检察服务平台和风险防控“两个平台”，加大对民营企业服务保障力度。

四是强化责任担当，积极回应民营企业司法需求。各地检察机关主动作为，延伸职能，多渠道、多举措帮助民营企业和民营企业家提高运用法律维护权益、促进发展的法治能力。如江西省南昌、赣州、抚州等地检察机关从以民营企业法律需求为课题，针对金融借贷、担保、劳动争议、合同履行等困扰企业的突出法律问题开展法律授课，促进“依法治企”。安徽省检察机关深入民营企业宣传民事检察职能，宣城、芜湖、安庆等地民事检察部门先后开展“民检进民企”、为民营企业法律体检等活动，深入企业一线开展法律服务。内蒙古检察机关以派出检察室为抓手，积极作为，为进出境商旅人员、商贸企业提供及时高效法律服务，净化口岸通关环境。我们希望通过上述一系列举措，让法律成为民营企业、民营企业家依法经营的护身符。

检察机关在推进国家治理体系和治理能力现代化中肩负特殊职责，也是优化营商环境、服务企业发展的重要力量。最高人民检察院及地方各级检察机关认真学习贯彻习近平总书记有关产权保护的重要讲话精神，采取了一系列举措，充分发挥民事监督职能，平等保护民营企业在内的各类市场主体的合法权益。但也不能回避工作中还有需要改进提高的地方，比如线索来源有限、监督力度有待加强等。下一步，全国检察机关将以学习贯彻民法典为契机，认真学习领会习近平总书记关于民营经济重要讲话精神，认真贯彻落实张军检察长“对国企民企、内资外资、大中小微企业同等对待、平等保护”的工作要求，全面提升司法办案质量和水平，推动建立长效机制，为服务、保障民营经济健康发展，完善公平竞争环境作出更大贡献。

目　录

CONTENTS

最高人民检察院第二十一批指导性案例解读

第二部分　服务保障民营经济典型案例

生效裁判结果监督

执行监督

检察和解

虚假诉讼监督

第一部分

最高人民检察院
第二十一批指导性案例及解读

最高人民检察院第二十一批指导性案例

1. 深圳市丙投资企业（有限合伙）被诉股东损害赔偿责任纠纷抗诉案

（检例第 77 号）

关键词

企业资产重整　保护股东个人合法财产　优化营商环境　抗诉监督

要旨

公司股东应以出资额为限，对公司承担有限责任。股东未滥用公司法人独立地位逃避债务并严重损害公司债权人利益的，不应对公司债务承担连带责任。检察机关应严格适用股东有限责任等产权制度，依法保护投资者的个人财产安全，让有恒产者有恒心。

基本案情

2007 年 11 月，惠州甲房产开发有限公司（以下简称甲公司）登记设立，为开发广东省惠州市某房产的房地产项目公司。甲公司多次对外借款。2010年1月，因甲公司无力清偿债务，广东省惠州市中级人民法院受理债权人对甲公司提出的破产申请。在惠州乙发展有限公司（以下简称乙公司）提供5000万元破产重整保证金后，相关债权人于2011年5月撤回破产清算申请。2011年8月，深圳市丙投资企业（有限合伙）（以下简称丙企业）与甲公司、惠州市丁房产开发有限公司（以下简称丁公司）、陈某军、乙公司签订《投资合作协议》及补充协议，约定丙企业以2000万元受让丁公司持有的甲公司100%股权，并向甲公司提供1.48亿元委托贷款，甲公司以案涉国有土地使用权等为丙企业的债权投资提供担保，丁公司、陈某军、乙公司亦提供连带责任担保。

2011年8月9日，甲公司的股东变更为丙企业和陈某某，其中丙企业占股东出资额的99.9%。2011年8月10日，丙企业委托中国建设银行股份有限公司某分行将其1.48亿元款项借给甲公司，用于甲公司某项目运作和甲公司运营，甲公司和丁公司依约提供抵押担保。同日，1.48亿元委托贷款和2000万元股权转让款转入甲公司。款项到位后，2011年8月至2012年4月期间，为完成破产重整程序中债务清偿及期间发生的借款、担保等相关衍生事宜，甲公司依照合同约定及乙公司、债权人陈某忠等人指令，先后向丁公司、深圳市戊公司、深圳市己公司等多家公司转账，款项共计1.605亿元。

2012年11月1日，诸某某将其持有的对甲公司债权中的800万元转让给赵某新，并通知债务人。2012年11月5日，赵某新向浙江省兰溪市人民法院起诉，要求甲公司归还欠款800万元，丙企业承担连带责任。

兰溪市人民法院一审认为，丙企业是甲公司的绝对控股股东，其滥用公司法人独立地位和股东有限责任，对甲公司进行不正当支配和控制，且未将贷款用于房地产开发，其转移资产、逃避债务的行为严重损害公司债权人利益，应当对甲公司的债务承担连带责任，遂判决甲公司归还赵某新800万元借款，丙企业承担连带责任。丙企业不服，上诉至浙江省金华市中级人民法院。二审判决驳回上诉，维持原判。丙企业申请再审，浙江省高级人民法院裁定驳回其再审申请。

检察机关监督情况

受理及审查情况。丙企业主张，甲公司对外转款均有特定用途，并非转移资产，丙企业并不存在滥用公司法人独立地位和股东有限责任的行为，不应承担连带责任，遂于2016年2月向浙江省金华市人民检察院申请监督。该院予以受理审查。

围绕丙企业是否存在滥用公司法人独立地位和股东有限责任逃避公司债务的问题，检察机关依法调阅原审案卷；核实相关工商登记信息；并对本案关键证人进行询问；相关证据可以证实甲公司于2011年8月至2012年4月期间的对外转款均具有正当事由，而非恶意转移资产，逃避债务。

监督意见。金华市人民检察院就本案向浙江省人民检察院提请抗诉。浙江省人民检察院经审查认为，丙企业并未支配控制甲公司的资金支出，在丙企业受让股权后，甲公司仍然由原股东丁公司派人进行管理，公司管理人员未发生变化；甲公司向丁公司等公司多次转款均具有明确用途，而非恶意转移资产；丙企业与甲公司、丁公司等企业之间不存在人员、业务、财务的交叉或混同。因此，终审判决认定丙企业利用法人独立地位和股东有限责任逃避债务，属于认定事实和适用法律错误。2016 年 11 月 25 日，浙江省人民检察院依法向浙江省高级人民法院提出抗诉。

监督结果。2018 年 1 月 31 日，浙江省高级人民法院作出（2017）浙民再 116 号民事判决，认定案涉委托贷款以及股权转让款的对外支付有合理解释，现有证据不足以证明丙企业有滥用公司法人独立地位和股东有限责任逃避债务的行为，判决撤销一、二审判决有关丙企业对案涉债务承担连带责任的判项，驳回赵某新对丙企业提出的诉讼请求。

指导意义

1. 严格适用公司有限责任制度，依法保护股东的个人财产安全。公司人格独立和股东有限责任是公司法的基本原则。否认公司独立人格，由滥用公司法人独立地位和股东有限责任的股东对公司债务承担连带责任，是股东有限责任的例外。在具体案件中应依据特定的法律事实和法律关系，综合判断和审慎适用，依法区分股东与公司的各自财产与债务，维护市场主体的独立性和正常的经济秩序。

2. 检察机关在审查股东损害公司债权人利益的案件时，应当严格区分企业正当融资担保与恶意转移公司资产逃避债务损害公司债权人利益违法行为的界限。如果公司股东没有利用经营权恶意转移公司资产谋一己之私，没有损害公司债权人利益的，依法不应当对公司债务承担连带赔偿责任。

3. 检察机关应积极发挥监督职责，推动法治化营商环境建设。公司有限责任是具有标志性的现代企业法律制度，旨在科学化解市场风险，鼓励投资创造财富。产权是市场经济的基础、社会文明的基石和社会向前发展的动力，投资者无法回避市场风险，但需要筑牢企业家个人和家庭与企业之间的财产风险“防火墙”，对于依法出资和合法经营的，即使企业关闭停产，也能守住股东个人和家庭的合法财产底线，真正让有恒产者有恒心，优化营商环境，保护企业家的投资创业热情，为完善市场秩序提供法治保障。

相关规定

《中华人民共和国公司法》第二十条

《中华人民共和国民事诉讼法》第二百条、第二百零八条

2. 某牧业公司被错列失信被执行人名单执行监督案

（检例第78号）

关键词

企业借贷纠纷　失信被执行人　妨碍企业正常经营　执行违法监督

要旨

查封、扣押、冻结的财产足以清偿生效法律文书确定债务的，执行法院不应将被执行人纳入失信被执行人名单。执行法院违法将被执行人纳入失信被执行人名单的，检察机关应当及时发出检察建议，监督法院纠正对被执行人违法采取的信用惩戒措施，以维护企业的正常经营秩序，优化营商环境。

基本案情

张某奎系山西省临汾市某牧业有限公司（以下简称某牧业公司）法定代表人。乔某与某牧业公司、张某奎因民间借贷产生纠纷。2016年9月16日，山西省临汾市尧都区人民法院判决张某奎、某牧业公司归还乔某借款本金18万元及利息6.14万元，自2016年2月1日起至判决生效之日止，按约定月息2分的利率承担该借款利息。

判决生效后，乔某向尧都区人民法院申请强制执行。尧都区人民法院作出执行裁定，冻结被执行人张某奎、某牧业公司银行存款281280元，查封张某奎名下房产一套，同时还决定将某牧业公司、张某奎纳入失信被执行人名单。该查封裁定作出后，执行法院未送达当事人。

检察机关监督情况

受理情况。山西省临汾市尧都区人民检察院发现乔某与某牧业公司、张某奎民间借贷纠纷一案执行行为违法，并予以立案审查。

审查核实。经审查执行案卷，检察机关发现：一是被执行人被法院冻结、查封的财产足以清偿生效法律文书确定的债务，不符合纳入失信被执行人名单的法定情形；二是法院作出的查封裁定书未向当事人送达。同时，检察机关了解到，某牧业公司被纳入失信被执行人名单后，银行贷款被暂停发放，经营陷入困境。

监督意见。尧都区人民检察院经审查认为，执行法院存在以下违法情形：一是将张某奎纳入失信被执行人名单属于适用法律错误。《最高人民法院关于公布失信被执行人名单信息的若干规定》第三条规定："被采取查封、扣押、冻结等措施的财产足以清偿生效法律文书确定债务的，人民法院不得将被执行人纳入失信被执行人名单。"本案执行程序中，被执行人张某奎、某牧业公司被冻结的存款和被查封的房产足以清偿生效裁判确定的债务。因此，执行法院将其纳入失信被执行人名单，显属违法。二是未向当事人送达执行裁定书。《最高人民法院关于人民法院民事执行中查封、扣押、冻结财产的规定》第一条规定："人民法院查封、扣押、冻结被执行人的动产、不动产及其他财产权，应当作出裁定，并送达被执行人和申请执行人。查封、扣押、冻结裁定书送达时发生法律效力。"本案中法院制作执行裁定书后，长期未向当事人送达，违反了上述规定。

监督结果。2017 年 11 月 28 日，尧都区人民检察院向尧都区人民法院提出检察建议，建议该院依法纠正违法执行行为。尧都区人民法院采纳了检察建议，于 2017 年 12 月 8 日将执行裁定书送达当事人，并撤销了将张某奎、某牧业公司纳入失信被执行人名单的决定。

指导意义

1. 规范适用失信被执行人名单制度，对于保证执行程序的公正性具有重要意义。失信被执行人名单制度以信用惩戒的方式约束被执行人，提高了执行活动的质量和效率，对于破解"执行难"起到了重要作用。在维护申请执行人利益的同时，执行的谦抑原则要求尽可能避免对被执行人合法权益造成损害。

2. 检察机关应积极履行监督职能，确保失信被执行人名单制度规范运行。失信被执行人名单制度的规范运行，对于建立诚实守信、依法履约的良好社会风气意义重大。但该项制度应当依法运用，否则将降低被执行人的社会信誉度，给其社会生活、商业经营等带来不便。执行法院查封、冻结的财产足以清偿债务的，将企业或其法定代表人纳入失信被执行人名单是不妥当的，检察机关应对违法执行行为予以监督，切实维护企业或个人合法权益。

3. 检察机关应加强对执行法律文书送达的监督，保障当事人的知情权和申辩权。执行法院在作出查封、扣押、冻结被执行人财产的裁定后，应当依法送达申请执行人和被执行人。执行法院未送达当事人，既损害了当事人的诉讼权利，亦损害了司法权威。检察机关在履行监督职责时应注意审查相关诉讼文书送达的合法性，对执行法院送达违法的行为及时提出检察建议，监督执行法院予以纠正，保障当事人行使诉讼权利。

相关规定

《人民检察院民事诉讼监督规则（试行）》第一百零二条

《最高人民法院关于人民法院民事执行中查封、扣押、冻结财产的规定》第一条

《最高人民法院关于公布失信被执行人名单信息的若干规定》第三条

3. 南漳县丙房地产开发有限责任公司被明显超标的额查封执行监督案

（检例第79号）

关键词

诉讼保全　超标的额查封　依法保护企业资产安全　审判程序违法监督

要旨

查封、扣押、冻结被执行人财产应与生效法律文书确定的被执行人的债务相当，不得明显超出被执行人应当履行义务的范围。检察机关对于明显超标的额查封的违法行为，应提出检察建议，督促执行法院予以纠正，以保护民营企业产权，优化营商环境。

基本案情

2015年5月26日，襄阳市甲小额贷款股份有限责任公司（以下简称甲小贷公司）、襄阳市乙工程总公司（以下简称乙公司）向湖北省襄阳市樊城区人民法院提起民事诉讼，请求判令南漳县丙房地产开发有限责任公司（以下简称丙公司）、南漳县丁建筑安装工程有限责任公司（以下简称丁公司）、洪某生偿还借款5589万元及利息，并申请对价值6671万元的房产进行保全。同日，樊城区人民法院立案受理并作出财产保全裁定，查封丙公司、丁公司及洪某生的房产共计210套。丙公司认为查封明显超出标的额，于2015年6月提出异议，但樊城区人民法院未书面回复。

2015年7月至2016年10月期间，樊城区人民法院对当事人双方的多起借款纠纷作出民事判决，判令丙公司、丁公司、洪某生偿还乙公司、甲小贷公司借款合计5536.2万元及利息约438万元。在本案执行阶段，丙公司向执行法院提出房产评估申请，经执行法院同意，由丙公司委托鉴定机构进行评估，评估结果为查封的房产市场价值为1.21亿元。丙公司提出执行异议，但樊城区人民法院审查后认定，丙公司提出的执行异议依据不充分，且未在法定期限内申请复议，故不予支持。由于丙公司已建成的210套商品房均被执行法院查封，无法正常销售，企业资金断流，经营陷入困境。

检察机关监督情况

受理情况。2016年12月27日，丙公司、丁公司以樊城区人民法院明显超标的额查封为由，向樊城区人民检察院申请监督。该院予以受理审查。

审查核实。樊城区人民检察院对案件线索依法进行调查核实。询问了申请人丙公司；前往樊城区人民法院查阅了审判与执行案卷，收集相关法律文书、价格鉴定报告与其他书证；实地前往被查封楼盘进行现场勘查。经审查核实发现，相关裁判文书确定的债务总额为5974万元，且甲小贷公司、乙公司申请查封的标的额仅为6671万元，而执行法院实际查封的房产价值为1.21亿元，存在明显超标的额查封的问题。

监督意见。樊城区人民检察院认为，樊城区人民法院查封的210套房产价值为1.21亿元，查封财产价值明显超出生效裁判文书确定的债务数额，违反《中华人民共和国民事诉讼法》第二百四十二条规定及《最高人民法院关于人民法院民事执行中查封、扣押、冻结财产的规定》第二十一条规定，存在明显超标的额查封被执行人财产的违法行为。2017年3月20日，樊城区人民检察院向樊城区人民法院发出检察建议，建议对超标的额查封的违法行为予以纠正。

监督结果。收到检察建议书后，樊城区人民法院认定本案确系超标的额查封，于2017年4月17日发出协助执行通知书，通知某县住房保障管理局解除对被执行人先期查封的210套商品房中109套的查封。解封后，丙公司得以顺利出售商品房，回收售楼款，改善资金困境，并及时发放拖欠的农民工工资，积极协商偿还本案剩余债务。

指导意义

1. 纠正明显超标的额的违法查封行为，消除对案涉企业正常生产经营的不利影响。执行程序的适度原则要求对执行措施限制在合理的范围内，执行目的与执行手段之间的基本平衡。纠正明显超标的额的违法查封行为，对于盘活企业资产，激发企业活力，特别是保障民营企业的可持续发展十分重要。

2. 办理明显超标的额查封的民事监督案件，应当围绕保全范围和标的物价值进行审查。查封、扣押、冻结等强制执行措施的违法使用，将限制企业生产要素的自由流动，降低市场主体创造社会财富的活力。因此，在认定是否明显超标的额查封时，不仅需要查明主债权、利息、违约金及为实现债权而支出的合理费用，还要结合查封财产是否为可分物、财产上是否设定其他影响债权实现的权利负担等因素予以综合考虑。做到监督有据，准确有效。

3. 诉讼保全措施延续到执行程序后，检察机关应按执行监督程序进行审查。诉讼保全发生于裁判生效前的审判活动，目的是保障生效裁判的履行。裁判生效后即转入强制执行程序。对于明显超标的额查封的财产，应依法提出执行检察建议，监督执行法院纠正错误执行行为。

相关规定

《中华人民共和国民事诉讼法》第二百四十二条

《最高人民法院关于人民法院民事执行中查封、扣押、冻结财产的规定》第二十一条

《人民检察院民事诉讼监督规则（试行）》第一百零二条

4. 福建甲光电公司、福建乙科技公司与福建丁物业公司物业服务合同纠纷和解案

（检例第80号）

关键词

企业债务纠纷　不影响审判违法监督　多元化解机制　检察调处

要旨

检察机关办理民事监督案件，在不影响审判违法监督的前提下，可以引导当事人和解，但必须尊重当事人意愿，遵循意思自治与合法原则，在查清事实、厘清责任的基础上，依法促成和解，减轻当事人诉累，营造良好营商环境。

基本案情

福州软件园兴建于1999年3月，是福建省迄今为止规模最大的软件产业园区。2007年，福建甲光电有限公司（以下简称甲公司）、福建乙科技有限公司（以下简称乙公司）等进驻软件园，购买园区土地建设自有研发楼。为提升园区服务质量，2011

年1月28日，福州丙开发有限公司（以下简称丙公司）通过招投标方式确定福建丁物业有限公司（以下简称丁公司）作为物业服务中标单位，中标价为1.3元/平方米/月。2011年3月28日，丙公司与丁公司签订物业服务合同。甲公司、乙公司等多家公司认为，其自建园区相对独立封闭，未得到物业服务，且自身未与物业公司签订物业服务合同，因此拒绝交纳物业费，引发纠纷。丁公司于2013年10月向福建省福州市鼓楼区人民法院起诉，请求甲公司、乙公司支付拖欠的物业服务费及违约金。

鼓楼区人民法院一审认为，签订物业服务合同的一方须为物业的建设单位，甲公司的办公楼系其自建，故丙公司签订的物业服务合同对甲公司、乙公司无约束力，但丁公司对园区的道路、绿化等配套设施进行日常维护管养，甲公司、乙公司享受了基础设施服务，故应当支付物业费，酌定物业服务费标准为合同标准的30%，即0.39元/平方米/月。丁公司不服，上诉至福建省福州市中级人民法院。二审判决驳回上诉，维持原判。

丁公司向福建省高级人民法院申请再审。再审法院认为，丙公司是园区公共区域的建设单位，其依法选聘物业服务企业并签订物业服务合同，对园区内公司具有相应约束力，改判甲公司、乙公司按照1.3元/平方米/月的标准交纳物业服务费。

检察机关监督情况

受理情况。甲公司、乙公司等民营企业认为其自建园区未享受物业服务，且丙公司无权代表业主签订物业服务合同，遂于2018年11月向福建省人民检察院申请监督。该院予以受理审查。

调查核实。为查清事实，检察机关走访福州市某管理委员会和丙公司，并实地查看甲公司、乙公司等多家民营企业的自建园区，调阅三次审理的审判案卷，全面掌握案件事实和争议症结。同时，在调查走访中也了解到，再审败诉对甲公司、乙公司等民营企业的营商环境产生一定影响，特别是与物业公司发生的长期纠纷也影响了企业的正常经营。

和解过程及结果。福建省人民检察院经研究认为，由于丁公司仅对甲公司等自有园区以外的公共区域提供物业服务，仍按照合同标准确定物业服务费，有违公平合理原则。为此，检察机关多次约谈物业公司和相关科技公司的法定代表人及诉讼代理人，认真听取并分析双方意见，解释法律规定，各方一致认为此案的最佳处理方式是和解结案。在检察机关引导下，双方自愿达成和解协议，丁公司同意甲公司、乙公司按照0.85元/平方米/月的标准交纳物业服务费，对之前六年的物业服务费一并结算，即时履行完毕，并将和解协议送交执行法院，执行法院终结本案执行。2019年8月，福建省人民检察院作出终结审查决定。

指导意义

1. 坚持和发展新时代“枫桥经验”，构建和谐营商环境。各级人民检察院办理民事监督案件，应当积极践行“枫桥经验”，在不影响审判违法监督，不损害国家利益、社会公共利益及他人合法权益的前提下，可以引导当事人自愿达成和解协议。由于民事监督案件涉及的法律关系已经为生效裁判确认，人民检察院应当把握和解的适用条件，避免损害裁判的既判力。如果生效裁判并无不当，人民检察院应当释法说理，说服申请人息诉罢访；如果人民法院的生效裁判违反法律相关规定，同级人民检察院在尊重当事人意愿的前提下可以引导当事人和解，节约司法资源、化解矛盾纠纷，真正实现“双赢、共赢、多赢”。

2. 检察机关引导当事人达成和解协议的，应当加强与法院执行程序的衔接。人民检察院办理民事监督案件，引导达成和解的，要注意与人民法院执行程序的衔接。当事人达成和解协议后，检察机关应当告知当事人向执行法院递交和解协议，必要时检察机关也可以主动告知执行法院相关和解情况，由执行法院按照执行和解的法律规定办理，以实现案结事了。

相关规定

《中华人民共和国民事诉讼法》第七条、第二百条、第二百零八条

《人民检察院民事诉讼监督规则（试行）》第五十五条、第六十六条、第七十五条第一款第（二）项

最高人民检察院第二十一批指导性案例解读

《最高人民检察院第二十一批指导性案例》解读

一、发布第二十一批指导性案例的背景与目的

改革开放40多年来，我国民营经济不断发展壮大，在稳定增长、创造税收、促进创新、增加就业、改善民生等方面发挥了重要作用，成为推动我国社会经济发展的重要力量。习近平总书记曾在不同时期、不同场合肯定民营经济在我国经济社会发展中的重要地位和作用，并多次就支持民营经济发展作出重要指示。在2020年7月21日的企业家座谈会上，习近平总书记再次强调，要平等保护包括民营企业在内的各类所有制企业产权和自主经营权，保护和激发市场主体活力，完善各类市场主体公平竞争的法治环境。党中央也先后提出“六稳”“六保”的工作方针和要求，以鼓励支持民营经济发展。为贯彻落实党中央这一重大决策部署，最高人民检察院于2020年7月22日下发了《关于充分发挥检察职能服务保障“六稳”“六保”的意见》，要求各地检察机关加大对涉民营经济各类案件的法律监督力度，紧盯重点环节和重点领域，强化检察监督，维护、促进司法公正。各级检察

机关根据党中央和最高人民检察院的部署要求，充分发挥民事检察职能作用，不断提升司法办案能力、检察履职能力，依法保护民营企业及其经营者合法权益，为民营经济健康发展提供了更加有力的法治保障。最高人民检察院发布第二十一批指导性案例，旨在有针对性地解决办理涉民营企业民事申诉案件中的重点难点问题，实现对民营企业的平等保护，是落实党中央“六稳”“六保”的重要举措。

制发本批指导性案例的目的：一是有助于树立平等保护的司法理念，形成公平竞争环境。民营经济是社会主义市场经济的重要组成部分，依法平等保护包括民营经济在内的各类市场主体合法权益，努力为民营企业发展创造公平竞争环境，是发展社会主义市场经济的必然要求，是全面依法治国、建设社会主义法治国家的应有之义。二是有利于提高检察机关专业能力在社会治理中的作用，服务国家经济社会发展。法治是重要的社会治理方式，也是最好的营商环境，而司法是社会治理中的重要一环。福建省人民检察院办理的科技企业与物业公司物业服务合同纠纷案，在查清案件事实与准确适用法律的基础上，多方引导民营企业换位思考，促使双方当事人达成和解协议并即时履行完毕，兼顾了公平与效率，塑造了和谐共赢的营商环境，体现了检察机关在化解矛盾纠纷、促进社会治理完善中的积极作用。三是充分发挥指导性案例的示范引领作用，为办理涉民营经济案件提供办案指引。指导性案例不仅涉及公司人格否认制度的正确理解和适用的问题，也涉及执行程序中法院超标的查封、错误将企业列为被执行人的监督问题，指导性案例对前述问题的理解适用及对案件的处理对办理类似案件具有重要指导意义。

二、深圳市丙投资企业（有限合伙）被诉股东损害赔偿责任纠纷抗诉案

（一）基本案情、要旨和指导意义

惠州甲房产开发有限公司（以下简称甲公司）多次对外借款，濒临破产。惠州乙发展有限公司（以下简称乙公司）为其提供5000万元破产重整保证金。2011年8月，深圳市丙投资企业（有限合伙）（以下简称丙企业）与甲公司、惠州市丁房产开发有限公司（以下简称丁公司）、陈某军、乙公司签订《投资合作协议》及补充协议，约定丙企业以2000万元受让丁公司持有的甲公司100%股权，并向甲公司提供1.48亿元委托贷款，甲公司以案涉国有土地使用权等为丙企业的债权投资提供担保，丁公司、陈某军、乙公司亦提供连带责任担保。后各方依约行事，丙企业成为甲公司出资99.9%的股东，1.48亿元贷款和2000万元股权转让款转入甲公司。2011年8月至2012年4月，为完成破产重整程序中债务清偿及期间发生的借款、担保等相关衍生事宜，甲公司依照合同约定及乙公司、债权人指令，先后向丁公司、深圳市戊公司、深圳市己公司等多家公司转账，款项共计1.605亿元。

2012年11月5日，受让甲公司债权的赵某新向浙江省兰溪市人民法院起诉，要求甲公司归还欠款800万元，丙企业承担连带责任。

法院一、二审均认为，丙企业是甲公司的绝对控股股东，滥用公司法人独立地位和股东有限责任，未将贷款用于房地产开发，其转移资产、逃避债务的行为严重损害公司债权人利益，应当对甲公司的债务承担连带责任，遂判决甲公司归还赵某新800

万元借款，丙企业承担连带责任。丙企业申请再审，亦被驳回。

丙企业不服，向金华市人民检察院申请监督。检察机关审查认为，丙企业受让股权后，甲公司管理人员未发生变化、甲公司向丁公司等公司多次转款均具有明确用途；丙企业与甲公司、丁公司等企业之间不存在人员、业务、财务的交叉或混同。终审判决认定丙企业利用法人独立地位和股东有限责任逃避债务，属于认定事实和适用法律错误，遂向浙江省高级人民法院提出抗诉。该院再审采纳抗诉意见，判决撤销一、二审判决有关丙企业对案涉债务承担连带责任的判项，驳回赵某新对丙企业提出的诉讼请求。

该案的要旨是：公司股东应以出资额为限，对公司承担有限责任。股东未滥用公司法人独立地位逃避债务并严重损害公司债权人利益的，不应对公司债务承担连带责任。检察机关应严格适用股东有限责任等产权制度，依法保护投资者的个人财产安全，让有恒产者有恒心。在要旨的基础上，案例从三个方面进一步阐明了指导意义：一是严格适用公司有限责任制度，依法保护股东的个人财产安全；二是检察机关在审查股东损害公司债权人利益的案件时，应当严格区分企业正当融资担保与恶意转移公司资产逃避债务损害公司债权人利益违法行为的界限；三是检察机关应积极发挥监督职责，推动法治化营商环境建设。

（二）理解和适用中的重点问题

1. 应当严格区分企业正当融资担保与恶意转移公司资产逃避债务损害公司债权人利益违法行为的界限。从本案股权转让协议的约定看，甲公司转让股权的真正目的是获取丙公司的借款，并约定在甲公司归还借款本息后，享有回购股权的权利。也就是说，丙公司受让股权成为股东，实际是让与担保的法律属性，是正常融资的表现形式，不同于恶意逃避债务、转移资产的行为。

2. 审查认定公司与股东人格是否存在混同，应考虑各种因素进行综合判断，突出重点。公司人格独立和股东有限责任是公司法的基本原则，否认公司独立人格，由滥用公司法人独立地位和股东有限责任的股东对公司债务承担连带责任，是股东有限责任的例外。各地检察机关在办理此类案件时，应在具体案件中依据特定的法律事实和法律关系，综合判断和审慎适用，依法区分股东与公司的各自财产，维护市场主体的独立性和正常的经济秩序。在认定股东滥用公司法人独立地位、损害债权人利益时，不仅需要查明其逃避债务的主观表现，更要查明其恶意转移财产的客观行为。依据《公司法》第 20 条第 3 款的规定，股东未滥用公司法人独立地位逃避债务并严重损害公司债权人利益的，不应对公司债务承担连带责任。

三、 某牧业公司被错列失信被执行人名单执行监督案

适用失信被执行人名单制度应坚持依法、规范的原则，错误适用该制度会降低被执行人的社会信誉度，给其社会生活、商业经营等带来不便。某牧业公司被错列失信被执行人名单执行监督案，对于检察机关正确区分应当纳入失信被执行人名单和不得纳入失信被执行人名单的情形，充分发挥执行监督职能、推动失信被执行人名单制度规范运行，具有重要的指导意义。

（一）基本案情、要旨和指导意义

张某奎系山西省临汾市某牧业公司法定代表人。乔某与某牧业公司、张某奎因民间借贷产生纠纷。2016 年 9 月 16 日，山西省临汾市尧都区人民法院判决张某奎、某牧业公司归还乔某借款本金 18 万元及利息 6.14 万元。判决生效后，乔某向尧都区人民

法院申请强制执行。尧都区人民法院裁定冻结被执行人张某奎、某牧业公司银行存款281280元，查封张某奎名下房产一套，同时还决定将某牧业公司、张某奎纳入失信被执行人名单。该查封裁定作出后，执行法院未送达当事人。本案争议的核心问题为执行法院将张某奎纳入失信被执行人名单是否正确。我们认为，查封、扣押、冻结的财产足以清偿生效法律文书确定债务的，执行法院不应将被执行人纳入失信被执行人名单。在此基础上，案例从三个方面进一步阐明了指导意义：一是规范适用失信被执行人名单制度，对于保证执行程序的公正性具有重要意义。二是检察机关应积极履行监督职能，确保失信被执行人名单制度规范运行。三是检察机关应加强对执行法律文书送达的监督，保障当事人的知情权和申辩权。

（二）理解和适用中的重点问题

如何正确理解适用信用惩戒制度有关规定，合法、规范运用失信被执行人名单制度，是监督这类案件的重点难点，本案的监督思路和方法对其他案件具有指导意义。

1. 正确区分应当纳入失信被执行人名单和不得纳入失信被执行人名单的情形，确保失信被执行人名单制度规范运行。为促使被执行人自觉履行生效法律文书确定的义务，推进社会信用体系建设，最高人民法院在相关司法解释及规范性文件中规定了较为完整的失信被执行人信用惩戒制度。作为推进法院执行工作、破解执行难的重要举措，失信被执行人名单制度通过系统化的惩戒措施，大大增加了被执行人的失信成本，在督促被执行人自觉履行义务等方面发挥了强大的惩戒和威慑功能。

与此同时，也存在部分法院错误或不规范适用这一制度的情形，如录入信息错误、信息删除不及时、不严格依法审查等，导致部分不应当被列为失信被执行人的当事人被错误列入，部分案外人被错误列入等，损害了被执行人及案外人的合法权益。某牧业公司被错列失信被执行人名单执行监督一案中，被执行人张某奎、某牧业公司被冻结的存款和被查封的房屋足以清偿原案生效法律文书所确定的债务，按照《最高人民法院关于公布失信被执行人名单信息的若干规定》第3条的规定，“查封、扣押、冻结的财产足以清偿生效法律文书确定债务的”，执行法院不应将被执行人纳入失信被执行人名单。

检察机关在办理具体案件时，应严格依法审查，对符合以下情形的案件，法院不得将被执行人纳入失信被执行人名单：提供了充分有效担保的；已被采取查封、扣押、冻结等措施的财产足以清偿生效法律文书确定债务的；被执行人履行顺序在后，对其依法不应强制执行的；其他不属于有履行能力而拒不履行生效法律文书确定义务的情形；以及被执行人为未成年人的。

2. 加强对执行法律文书送达的监督，保障当事人的知情权和申辩权。送达行为合法规范，构成了法院执行程序正当性的基础。某牧业公司被错列失信被执行人名单执行监督一案中，查封张某奎名下房产的执行裁定未送达当事人，既损害了当事人的诉讼权利，亦损害了司法权威。检察机关在履行监督职责时应注意审查相关诉讼文书送达的合法性，对执行法院送达违法的行为及时提出检察建议，监督执行法院予以纠正，保障当事人行使诉讼权利。

四、 南漳县丙房地产开发有限责任公司被明显超标的额查封执行监督案

超标的额查封是法院执行程序中常见且多发的违法情形，超标的额查封严重损害了被执行人合法权益，给民营企业的生产经

营也会带来严重影响。但因法律规定的原则性，给实践中如何认定是否构成超标的额查封带来了困扰，认识上也存在分歧。南漳县丙房地产开发有限责任公司被明显超标的额查封执行监督案对于准确认定是否构成超标的额查封，切实保护民营企业合法权益有重要的指导意义。

（一）基本案情、要旨和指导意义

襄阳市甲公司、乙公司诉南漳县丙房地产开发有限责任公司（以下简称丙公司）、丁公司、洪某生偿还借款 5589 万元及利息一案，甲公司、乙公司申请对三被告价值 6671 万元的房产进行保全。樊城区人民法院遂裁定查封了三被告房产共计 210 套。丙公司认为查封明显超出标的额，向法院提出异议，但法院未书面回复。后法院判决丙公司、丁公司、洪某生偿还甲公司、乙公司借款合计 5536.2 万元及利息约 438 万元。在本案执行阶段，经鉴定机构评估，涉案被查封的房产市场价值为 1.21 亿元。丙公司提出执行异议，法院认为丙公司提出的执行异议依据不充分，故不予支持。本案的核心问题为法院是否构成超标的额查封。我们认为，查封、扣押、冻结被执行人财产应与生效法律文书确定的被执行人的债务相当，不得明显超出被执行人应当履行义务的范围，本案相关裁判文书确定的债务总额为 5974 万元，且甲公司、乙公司申请查封的标的额仅为 6671 万元，而法院实际查封的房产价值为 1.21 亿元，存在明显超标的额查封的问题。检察机关对于明显超标的额查封的违法行为，应提出检察建议，督促执行法院予以纠正，以保护民营企业产权，优化营商环境。在此基础上，案例从三个方面进一步阐明了指导意义：一是执行程序的适度原则要求对执行措施限制在合理的范围内，执行目的与执行手段之间应保持基本平衡。二是办理明显超标的额查封的监督案件，应当围绕保全范围和标的物价值进行审查。三是诉讼保全措施延续到执行程序后，检察机关应按执行监督程序进行审查。

（二）理解和适用中的具体问题

1. 超标的额执行的认定标准问题。超标的额执行是“执行乱”的突出表现形式之一，而超标的额查封则是超标的额执行中的常见情形。何种情形下构成超标的额执行，是审查此类案件的重点难点。我国民事诉讼法及相关司法解释确立了人民法院在强制执行被执行人财产时须遵循价值相当原则，《最高人民法院关于人民法院民事执行中查封、扣押、冻结财产的规定》第21条规定了人民法院不得明显超标的额执行，但何为明显超标的额，相关法律及司法解释均未明确规定，更有赖于实践中个案的衡量。我们认为，判断是否构成超标的额执行，应从以下几方面进行把握：一是准确把握价值相当原则。“相当”不是“相等”，因此应允许执行法院查封、扣押的财产价值浮动于债权数额上下，而非绝对等于。只有法院明显超出债权数额执行时，才构成超标的额执行。二是区分情况判断被查封的财产是否属于明显不合理。若执行财产为金钱或其他财产性权利，抑或价值波动不大的可分割的动产或不动产，保全财产的范围原则上以其价值满足保全标的额为限；对于财产价值受市场行情影响变化较大的动产或不动产，则应根据查封财产的具体情况，综合市场行情变动情况及拍卖过程中可能出现的流拍、降价等因素进行个案把握，通常来说，一般不应超过债权数额的20%—30%。本案中，甲、乙两公司申请法院保全的财产价值额为6671万元，法院实际查封的210套房产为可分割的不动产，经评估价值为1.21亿元，超出权利人申请保全的债权数额近50%，属于明显超标的额执行。当然20%—30%的浮动额度只是可参照适用的标准，具体个案审查时应结合其他因素综合考量。如若存在财产变现困难、有可能流拍，或者被执行财产存在其他权利负担、财产价值较查封时已大幅减少等情形的，则可适当提高这一浮动标准。三是严格适用价值相当原则的例外规定。《最高人民法院关于人民法院查封、扣押、冻结财产的规定》第21条第2款规定了价值相当原则的例外规定，即在被执行人无其他可供执行的财产，或其他财产不足以清偿债务且可供执行的财产为不可分物时，即使该财产价值与债权数额差距较大，法院也可查封。

2. 超标的额执行案件的审查要点。一是要正确处理申请执行人债权实现以及被执行人合法权益保障的关系，实现双方当事人权利的平等保护。查封、扣押、冻结等强制执行措施的违法使用，将限制企业生产要素的自由流动，降低市场主体创造社会财富的活力，对企业的正常生产经营带来严重影响。以本案为例，该210套商品房被法院查封后，丙公司无法正常销售，导致该公司资金断流，经营陷入困境。但若认为只要查封的财产价值超过执行标的额即构成超标的额执行，则会给案件执行带来困难，损害申请执行人的合法权益。因此，在审查法院是否构成超标的额执行这一类案件时，应坚持比例原则，找准双方利益的平衡点，并在此基础上进行审查认定。二是要准确认定执行标的额及被执行财产的价值。执行标的额的确定系判断是否构成超标的额执行的前提。执行标的额是随案件执行时间的推移而不断发生变化的，准确认定执行标的额，不仅需要查明主债权及其利息、违约金等，还应包括迟延履行期间的利息及为实现债权而支出的合理费用等。被执行财产的价值确定则是认定是否构成超标的额执行的基础。执行法院在执行中应按法定程序对执行财产进行询价或评估，若法院未对执行财产价值进行正确认定，则属于事实不清，检察机关可提出监督意见。对于已经进入评估、拍卖程序的，除依据评估报告认定财产价值外，还要结合查封财产是否为可分物、财产上是否设有其他权利负担等因素，综合衡量确定是否构成超标的额执行，平衡申请执行人和被执行人的利益。

五、 福建甲光电公司、福建乙科技公司与福建丁物业公司物业服务合同纠纷和解案

（一）基本案情、要旨和指导意义

福州软件园兴建于1999年3月，是福建省迄今为止规模最大的软件产业园区。2007年，福建甲光电有限公司（以下简称甲公司）、福建乙科技有限公司（以下简称乙公司）等进驻软件园，购买园区土地建设自有研发楼。为提升园区服务质量，2011年1月28日，福州丙开发有限公司（以下简称丙公司）通过招投标方式确定福建丁物业有限公司（以下简称丁公司）作为物业服务中标单位，中标价为1.3元/平方米/月。2011年3月28日，丙公司与丁公司签订物业服务合同。甲公司、乙公司等多家公司认为，其自建园区相对独立封闭，未得到物业服务，且自身未与物业公司签订物业服务合同，因此拒绝交纳物业费，引发纠纷。丁公司于2013年10月向福建省福州市鼓楼区人民法院起诉，请求甲公司、乙公司支付拖欠的物业服务费及违约金。

本案争议焦点是丙公司与丁公司签订的物业服务合同对甲、乙两公司有无约束力，甲、乙两公司是否应向丁公司交纳合同约定的物业费。一、二审均认为，签订物业服务合同的一方须为物业的建设单位，甲公司的办公楼系其自建，故丙公司签订的物业服务合同对甲公司、乙公司无约束力，但丁公司对园区的道路、绿化等配套设施进行日常维护管养，甲公司、乙公司享受了基础

设施服务，故应当支付物业费，酌定物业服务费标准为合同标准的30%，即0.39元/平方米/月。再审法院认为，丙公司是园区公共区域的建设单位，其依法选聘物业服务企业并签订物业服务合同，对园区内公司具有相应约束力，改判甲公司、乙公司按照1.3元/平方米/月的标准交纳物业服务费。

我们认为，由于丁公司仅对甲公司等自有园区以外的公共区域提供物业服务，仍按照合同标准确定物业服务费，有违公平合理原则。在检察机关引导下，双方自愿达成和解协议，丁公司同意甲公司、乙公司按照0.85元/平方米/月的标准交纳物业服务费，对之前六年的物业服务费一并结算，即时履行完毕，并将和解协议送交执行法院，执行法院终结本案执行。该案例的指导意义在于：一是检察机关应当坚持和发展新时代“枫桥经验”，在不损害国家利益、社会公共利益及他人合法权益的前提下，可以引导当事人自愿达成和解协议。二是检察机关引导当事人达成和解协议的，应当加强与法院执行程序的衔接，以实现案结事了。

（二）理解和适用中的重点问题

针对检察和解的程序、性质等问题，民事诉讼法、民事诉讼监督规则等并未作出明确规定。本案的成功办理为民事检察和解工作提供了参考依据。

1. 要把握和解工作的适用对象。检察机关作为法律监督机关，在履行监督职能的同时，也应当维护审判权威。因民事监督案件涉及的法律关系已经为生效裁判所确认，检察机关应当准确把握和解的适用对象，避免损害裁判的既判力。和解案件的适用对象主要是违反法律相关规定的生效裁判、明显缺乏合理性的生效裁判以及存在瑕疵的生效裁判，但是案件涉及婚姻、收养等身份关系的除外。对于认定事实清楚、适用法律正确的生效裁判，不适用和解。

2. 要注重和解工作的规范性。对于适用和解的案件，检察机关应当在查明案件基本事实的基础上，在不影响审判违法监督，不损害国家利益、社会公共利益及他人合法权益的前提下，按照意思自治原则的要求，引导当事人达成和解协议。检察机关引导和解时应当保持客观公正的立场，释法说理、明辨是非，既不得偏袒任何一方当事人，也不得以“谁闹谁有理”“和稀泥”为由施压另一方当事人，绝不能以牺牲守信人的合法权益为代价达成和解协议。否则，将增加社会交易成本，助长社会歪风邪气，打击公民共建文明社会的道德责任感。

3. 要注意和解工作的衔接问题。民事诉讼法并未规定当事人在检察监督阶段达成的和解协议的性质问题。《人民检察院民事诉讼监督规则（试行)》虽然规定检察机关对于达成和解协议的案件应当终结审查,① 但是也未明确规定和解协议的性质问题。我们认为，对于当事人达成和解协议并且及时履行的，如果案件已经进入执行程序，检察机关应当要求当事人将和解协议提供给法院，必要时检察机关也可以主动告知执行法院相关和解情况，以便与人民法院执行程序相衔接。

① 2021 年修订后的《人民检察院民事诉讼监督规则》第 73 条第 1 款第 3 项规定，申请人与当事人达成和解协议，并在协议中声明放弃申请监督权利的，检察机关方能终结审查。

第二部分

服务保障民营经济典型案例

生效裁判结果监督

1. 双务合同中先履行抗辩权如何行使

——某机电设备公司买卖合同纠纷案

关键词

抗诉　单方违约　先履行抗辩权　跟进监督

要旨

在买卖合同履行过程中，出卖人交付的标的物不符合合同约定的，买受人可以行使先履行抗辩权，拒绝支付相应的货款。人民法院认定买受人对此承担违约责任的，检察机关应当依法提出监督意见；人民法院未予采纳监督意见明显错误的，检察机关应当跟进监督。

基本案情

2015 年 5 月，某机电设备公司与某销售公司签订买卖合同，约定某机电设备公司向某销售公司购买水泵及冷却塔，总价款为 584529 元；合同供货清单以表格形式予以列明，其中生活变频加压泵组共计 4 台，过流部件要求材质为不锈钢，价款为 44768

元；某机电设备公司验收无误后出具验收合格证明，该证明作为最终付款所需文件的组成部分。付款方式为合同生效后7日内支付总价款的30%作为预付款，货到现场验收合格之日起2个月内支付总价款的50%，2015年10月31日前支付总价款的20%。双方还约定了违约责任等。合同订立后，某销售公司按约交付全部货物，某机电设备公司均予以接收，并按约支付30%的预付款。

2015年8月，某机电设备公司向某销售公司发出律师函称，产品质量以及交货程序与合同约定严重不符，其中生活变频加压泵组过流部件材质为铸铁，与约定的不锈钢材质不符，导致水泵及冷却塔整体不能进行安装调试，无法验收。某销售公司函复某机电设备公司，认可其产品中的过流部件材质为铸铁，不符合合同约定，并承诺尽快予以更换。此后，某销售公司未更换过流部件，某机电设备公司亦未支付剩余款项。

2015年12月23日，某销售公司提起诉讼，要求某机电设备公司支付剩余70%货款及逾期付款违约金。某机电设备公司提出反诉，要求某销售公司更换过流部件，并支付交货不合格的违约金。

上海市金山区人民法院作出一审民事判决（以下简称生效判决）。某机电设备公司在律师函中声称某销售公司交付货物的事实，仅对货的质量以及交货程序提出了异议。但在合同约定的最后付款期限前并无证据证明某机电设备公司曾向某销售公司提出过任何有关供货质量方面的异议。合同约定如某机电设备公司在验收期满后既不出具验收合格证明又未提出书面异议的，视为某销售公司所交付的标的物符合约定，故某机电设备公司应承担延期付款的违约责任。某销售公司未按合同约定材质交付产品的行为亦属违约行为，且未能及时予以解决，理应承担相应的违约责任。判决：某机电设备公司支付某销售公司剩余货款409170.3元及逾期付款违约金；某销售公司支付某机电设备公司违约金29226.45元，并按合同约定更换过流部件。

双方均未提出上诉，一审判决生效后，某机电设备公司申请再审被驳回。

检察机关监督情况

审查过程 2018年1月，某机电设备公司不服生效判决，申请监督。上海市金山区人民检察院提出再审检察建议，上海市金山区人民法院未予采纳，该院遂提请上海市人民检察院第一分院抗诉。通过调阅一审卷宗材料、会见双方当事人、实地调查标的物情况，上海市人民检察院第一分院查明：直至原审判决作出之日，某销售公司仍未将案涉产品中生活变频加压泵组的过流部件更换为不锈钢材质。

监督意见 2018年4月20日，上海市人民检察院第一分院向上海市第一中级人民法院提出抗诉。主要理由为：

1. 某销售公司履行交货义务不符合合同约定。本案系买卖合同纠纷，作为出卖人的某销售公司应先交付货物，某机电设备公司验收合格后再支付货款。但在实际履行中，某销售公司交付的生活变频加压泵组过流部件材质为铸铁，与约定的不锈钢材质不符，某机电设备公司通过律师函将上述情况通知某销售公司，某销售公司亦回函认可。

2. 某机电设备公司拒绝支付剩余货款系行使先履行抗辩权，不构成违约。生活变频加压泵组系合同标的物的有机组成部分，该部分材质不符合合同约定，造成合同标的物整体不具备验收条件。根据法律规定，先履行一方履行合同不符合约定的，后履行一方有权拒绝其相应的履行请求。在此情况下，某机电设备公司拒绝履行支付剩余货款义务，系行使先履行抗辩权的行为，具有事实和法律依据，不构成违约。

监督结果 上海市第一中级人民法院指令上海市金山区人民法院再审本案。2019 年 4 月 9 日，上海市金山区人民法院作出再审判决。该院认定，某销售公司交付的货物不符合合同约定，其要求某机电设备公司支付剩余货款的条件尚未成就，某机电设备公司拒付剩余款项不构成违约，判决撤销原审判决，驳回某销售公司的诉讼请求。

典型意义

1. 买卖合同约定出卖人应先交付货物，买受人验收合格后再支付货款，即出卖人为先履行义务一方，出卖人交付的标的物不符合合同约定的，买受人有权拒绝支付相应的货款。合同当事人应当遵循诚实信用原则，依法、依约、全面、适当地履行合同义务。合同一方违反约定履行义务时，法律赋予另一方享有相应的抗辩权以维护自身合法权益。当事人行使法定抗辩权即排除了违约责任的适用。原《合同法》第 67 条对先履行抗辩权作出明确规定，《民法典》第 526 条沿用了原规定。先履行抗辩权的发生需具备下列条件：双方当事人互负债务；依照法律规定、当事人约定或者交易习惯有先后履行顺序；应当先履行债务一方未履行债务或者履行债务不符合约定。买卖合同系双务有偿合同，先履行债务的出卖人交付的标的物不符合合同约定，但不影响合同目的实现的，构成瑕疵履行；后履行债务的买受人拒绝支付相应的价款属于行使先履行抗辩权的行为，不构成违约，无须承担违约责任。需要强调的是，买受人拒绝支付的价款需与出卖人的违约程度相适应，不得擅自扩大范围。检察机关在审查买卖合同纠纷案件中，不应仅仅基于双方存在未按照合同约定履行义务的行为而简单地认定双方构成违约，而应结合合同约定和法律规定，依据买卖双方的履行行为及其相互之间的逻辑关系，综合判定买受人拒绝支付价款的行为是否属于行使先履行抗辩权或同时履行抗辩权等。

2. 依法跟进监督，确保监督质效。下级人民检察院提出再审检察建议，人民法院未予采纳或者采纳后作出的再审裁判存在明显错误的，下级人民检察院应当依法再次监督或者提请上级人民检察院监督。检察机关应当加强上下联动，上级人民检察院做好对下指导，下级人民检察院及时沟通汇报，两级院综合分析研判，形成监督合力，努力促成错案得到纠正，维护司法公正，确保监督质效。

（上海市人民检察院第一分院　侯百丰、冯正伟、王勇）

相关规定

《中华人民共和国合同法》第六十条、第六十七条、第二百零八条（现为《中华人民共和国民法典》第五百零九条、第五百二十六条、第六百七十七条）

2. 银行未尽谨慎注意义务是否构成善意取得

——农业银行某分行金融借款合同纠纷案

关键词

再审检察建议　金融借款合同纠纷　动产抵押权　善意取得

要旨

在抵押合同订立过程中，银行等专业金融机构的抵押权未对抵押物权属、价值以及实现抵押权的可行性进行严格审查，存在重大过失的，不构成善意取得，不能取得该财产抵押权。检察机关应当正确适用善意取得制度，维护抵押物权利人的合法权益。

基本案情

因生产经营需要，某纺织公司与农业银行某分行多次订立《流动资金借款合同》。2014 年 11 月 13 日，双方订立《最高额抵押合同》，约定某纺织公司以其机器设备（2 台转杯纺纱机）为 2014 年 11 月 13 日至 2015 年 11 月 12 日期间的债权提供最高限额为 4100 万元的最高额抵押担保。上述抵押物已办理抵押登记手续。2015 年 8 月 13 日，农业银行某分行提起诉讼，请求判令：某纺织公司偿还借款本金3850万元并支付利息，对抵押物享有优先受偿权。苏州市吴江区人民法院作出一审判决（以下简称生效判决）。该院认为，双方订立的《流动资金借款合同》《最高额抵押合同》均依法成立并有效。农业银行某分行按约向某纺织公司发放贷款后，某纺织公司未按约还本付息，构成违约，应承担相应的违约责任。农业银行某分行请求某纺织公司归还借款本息、对抵押的机器设备享有优先受偿权，法院予以支持。一审判决作出后，双方均未上诉，已发生法律效力。

检察机关监督情况

审查过程 2017年6月23日，案外人某国际租赁有限公司（以下简称某租赁公司）向苏州市吴江区人民检察院控告、举报，认为农业银行某分行对某纺织公司提供的设备不享有抵押权，生效判决确认事实错误。该院受理后，经依法调阅卷宗材料，前往市场监管、海关等部门调查核实，查明：2013年4月16日，某租赁公司与某纺织公司分别订立《购买合同》《售后回租合同》《买卖预约书》，约定某纺织公司将其所有的机器设备以5702.06万元出售给某租赁公司，标的物由某租赁公司所有，但由某纺织公司回租使用，待2016年4月18日租赁到期后由某租赁公司以2702.06万元的价格进行回购。截至2013年4月18日，某租赁公司向某纺织公司支付价款2700万元。2014年4月24日，某租赁公司就上述融资租赁设备在中国人民银行征信中心动产权属统一登记系统进行了初始登记。上述设备中包含某纺织公司抵押给农业银行某分行的机器设备。后因某纺织公司未按约支付到期租金，某租赁公司起诉至苏州市吴江区人民法院。执行期间双方达成执行和解协议，由某纺织公司将机器设备返还某租赁公司并免除某纺织公司的还款义务，但某纺织公司未按约向某租赁公司返还涉案机器设备。

监督意见 2017 年 7 月 10 日，苏州市吴江区人民检察院制发再审检察建议。主要理由有：某租赁公司与某纺织公司 2013 年 4 月 16 日签订《购买合同》《售后回租合同》《买卖预约书》等合同进行融资租赁，某租赁公司已按合同约定支付了对价，取得了融资租赁所涉及机器设备的所有权，且某租赁公司于 2014 年 4 月 24 日在中国人民银行征信中心动产权属统一登记系统进行了初始登记。农业银行某分行则于 2014 年 11 月 13 日与某纺织公司签订《最高额抵押合同》，于 2014 年 11 月 18 日办理抵押登记手续。由此可见，转让与融资租赁行为早于抵押权的设立。同时根据《中国人民银行关于使用融资租赁登记公示系统进行融资租赁交易查询的通知》第 3 条规定，银行等机构作为资金融出方在办理资产抵押等业务时，应当对抵押物的权属和价值以及实现抵押权、质权的可行性进行严格审查，并登录融资租赁登记公示系统查询相关标的物的权属状况。农业银行某分行在办理抵押借款时未尽到合理的审查义务，导致未发现抵押人对抵押物系无权处分，存在重大过错，不适用善意取得的规定。

监督结果 2018 年 3 月 12 日，吴江区人民法院作出（2017）苏 0509 民再 9 号民事判决。该院再审完全采纳监督意见，判决撤销一审判决。

典型意义

1. 抵押权的设立一般以抵押人对抵押物享有处分权为前提。

原《物权法》第179条规定："为担保债务的履行，债务人或者第三人不转移财产的占有，将该财产抵押给债权人的，债务人不履行到期债务或者发生当事人约定的实现抵押权的情形，债权人有权就该财产优先受偿。前款规定的债务人或者第三人为抵押人，债权人为抵押权人，提供担保的财产为抵押财产。"《民法典》第394条沿用前述规定的内容。一般认为，作为抵押权客体的财产，必须是债务人或者第三人所有的或者依法有权处分的财产，对自己无所有权或者无处分权的财产不得设定抵押权。概言之，抵押权设立的前提是抵押人对抵押物享有处分权。在对类案的审查过程中，检察机关应当根据双方当事人提供证据有无证明力和证明力大小，准确认定抵押物的权利人，依法维护抵押物权利人的合法权益；同时，坚决打击虚假诉讼，防止抵押人与债务人恶意串通、伪造证据，通过虚假诉讼损害债权人合法权益的情形发生。

2. 银行等金融机构在订立抵押合同过程中未尽谨慎注意义务的，不适用善意取得制度。善意取得使原权利人对物的所有权或其他物权消灭，受让人获得所有权或其他物权。善意取得制度的本质是牺牲真正权利人的财产权利，以保证善意受让人取得所有权和其他物权，旨在填补让与人处分权的不足，保护交易安全。原《物权法》第106条规定的物权善意取得制度既适用于不动产，又适用于动产，并且该条第3款规定"当事人善意取得其他物权的，参照前两款规定"。《民法典》第311条沿用了前述规定的内容。动产抵押权是法定的物权之一，属于"其他物权"，依法可以善意取得。动产或者不动产的善意取得需要三个构成要件，即受让人善意、支付合理对价、应当登记的已经登记，不需要登记的已经交付。因动产抵押权的设立既不以支付对价为要件，也不以登记、交付为要件，动产抵押权的善意取得只有一个要件，即债权人在签订抵押合同时是善意的。一般认为，善意包含了诚实守信、忠诚履行职责、不欺诈或者谋求不义之财等多重含义。从防范金融风险，保护相对人合法权益的角度考虑，银行等专业金融机构在从事信贷业务时负有谨慎注意义务，应当对保证人的偿还能力，抵押物、质物的权属和价值以及实现抵押权、质权的可行性进行审查核验。《商业银行法》《中国人民银行关于使用融资租赁登记公示系统进行融资租赁交易查询的通知》等均对此作出了规定。因此，在订立抵押合同过程中，银行等专业金融机构未对抵押物审查核验，存在重大过失的，不符合“善意”的标准，不适用善意取得制度。

3. 案外人对民事诉讼案件提出控告、举报的，检察机关可以依法进行监督。当事人以外的公民、法人和其他组织向人民检察院控告、举报，为民事诉讼监督案件的来源之一。案外人以人民法院的判决、裁定、调解书损害其合法利益为由进行控告、举报，并向检察机关申请抗诉或者再审检察建议的，可以告知其向人民法院提起撤销之诉，但涉嫌虚假诉讼、职务犯罪等的案件除外。对案件事实清楚、权利义务关系明确的案件，从维护当事人合法权益，提高诉讼效率的角度考虑，检察机关可以提出再审检察建议。

（江苏省苏州市吴江区人民检察院　汪丽）

相关规定

1.《中华人民共和国物权法》第一百零六条、第一百七十

条（现为《中华人民共和国民法典》第三百一十一条、第三百九十四条）

2.《中华人民共和国合同法》第二百四十二条（现为《中华人民共和国民法典》第七百四十五条）

3.《中华人民共和国商业银行法》第三十六条

4.《中华人民共和国民事诉讼法》第二百条第一项、第二百零八条第二款、第二百零九条第二项

5.《最高人民法院关于适用〈中华人民共和国民法典〉物权编的解释（一）》第十四条、第十五条、第十六条

6.《最高人民法院关于审理融资租赁合同纠纷案件适用法律问题的解释》第九条

7.《中国人民银行关于使用融资租赁登记公示系统进行融资租赁交易查询的通知》第三条

3. “以房抵债”案件如何对基础债权债务关系进行审查

——某开发建设公司商品房买卖合同纠纷案

关键词

抗诉　商品房买卖合同纠纷　民间借贷　口头以房抵债协议　诺成合同

要旨

在涉以房抵债纠纷的案件审查中，检察机关既要审查以房抵债协议的效力及履行情况，又要审查原债权债务关系的真实性及履行情况，不能将“房”的事实和“债”的事实机械分割。债务人对以房抵债的“债”提出异议的，债权人对“债”的成立及内容承担举证责任。债权人未能证明“债”的事实，且双方对继续履行房屋买卖合同未提出异议的，可以按照买卖合同关系审查双方的纠纷。

基本案情

2015 年 2 月 10 日，会东某开发建设公司（以下简称某开发建设公司）与张某、邬某夫妻签订 3 份《商品房买卖合同》及附件、与江某杰签订1份《商品房买卖合同》及附件，分别约定将某开发建设公司开发的3套房屋卖予张某、邬某夫妻，总价为529.1542万元；将某开发建设公司开发的1套房屋卖予江某杰，总价为33.1524万元。2015年4月14日，张某转账100万元支付上述3套房屋首付款，江某杰转账10.1524万元支付上述1套房屋首付款，上述转款某开发建设公司出具收据并有工作人员胥某的签名。2015年4月10日至11日，某开发建设公司还曾向张某及其子出具上述3套房屋购房款收据3份，金额合计460.3772万元，向江某杰出具上述1套房屋购房款33.1524万元收据1份，上述4份收据均有廖某阳签字。2015年4月15日，案涉4份《商品房买卖合同》均已在会东县房管局备案登记。

在张某及其子诉廖某阳民间借贷纠纷两个案件的庭审中，廖某阳辩称其欠张某及其子借款已经用某开发建设公司房屋以“以物抵债”的方式冲抵，未被人民法院采纳。2015年11月10日，四川省资阳市雁江区人民法院作出两份民事判决，判决由廖某阳偿还其于2013年9月6日、2014年4月1日向张某及其子借款合计256.2万元及利息。

2016年7月1日，某开发建设公司提起诉讼，请求：（1）判令张某、邬某、江某杰支付购房余款452.1542万元；（2）判令张某、邬某、江某杰按约支付违约金。

四川省会东县人民法院作出一审判决。该院认为，房屋买卖合同、以物抵债协议均有效。庭审中，双方均未对案涉合同的继续履行提出异议，而且案涉合同已经在房管部门登记备案，不存在合同撤销、变更、解除的情形。现双方均认可某开发建设公司、张某、邬某、江某杰和廖某阳三方达成的“以房抵债”协议，只是双方对于所折抵的借款事实持有不同观点：某开发建设公司主张“以房抵债”所折抵的债务系四川省资阳市雁江区人民法院另案两份民事判决确定的债务；张某、邬某、江某杰则认为“以房抵债”所折抵的债务并不是上述两份判决所确定的债务，而是2014年5月21日至9月1日，廖某阳作为某开发建设公司法定代表人，以企业资金周转为由向张其先后六次借款346万元（其中包含江某杰借款50万元）。“以物抵债”协议合法有效，在案涉合同继续履行情形下，对于双方所争议的事实，本案中张某、邬某、江某杰对“债”的履行应承担举证责任。因张某、邬某、江某杰所举的借条、廖某阳签字的收据、交易记录、情况说明等均无法直接证明在2014年5月21日至9月1日期间以现金分六次向廖某阳支付借款346万元的事实，应自行承担举证不能的法律后果。判决：（1）张某、邬某支付购房余款429.1542万元及相应违约金；（2）江某杰支付购房余款23万元及相应违约金。

张某、邬某、江某杰均不服一审判决，提出上诉。凉山彝族自治州中级人民法院二审民事判决（以下简称生效判决）认为，本案为商品房销售合同纠纷，各方当事人有关民间借贷的争议事项，不属于本案审查范围。在8份共计金额为603.682万元的购房款收据未通过合法程序予以撤销的情况下，应当认定为购房款的支付凭证。因购房款总金额为562.3066万元，而张某、邬某、江某杰支付的购房款总金额为603.682万元，故张某、邬某、江某杰已按《商品房买卖合同》付清相应的购房款。判决：（1）撤销四川省会东县人民法院（2016）川3426民初1016号民事判决；（2）驳回某开发建设公司的诉讼请求。

某开发建设公司申请再审被驳回。

检察机关监督情况

审查过程 2018年2月28日，某开发建设公司不服生效判决，向检察机关申请监督，四川省凉山彝族自治州人民检察院依法受理。通过调阅一审、二审卷宗材料，审查四川省资阳市雁江区人民法院另案两份民事判决，凉山彝族自治州人民检察院认为生效裁判适用法律错误，导致判决错误，向四川省人民检察院提请抗诉。

监督意见 2018年7月6日，四川省人民检察院向四川省高级人民法院提出抗诉。该院认为，凉山彝族自治州中级人民法院生效裁判认定的基本事实缺乏证据证明，适用法律确有不当，应当再审。

1. 生效判决适用法律错误。庭审中双方均认可达成“以房抵债”的协议，但双方当事人对以房抵债中的债存在不同观点：某开发建设公司主张所折抵债务系另案判决确定的借款债务，但另案判决并未确认；张某、邬某、江某杰则认为所抵债务并不是另案判决所确定的债务，而是双方另外现金借款涉及的346万元。现双方当事人对以房抵债中的债存在争议，而债关系到对本案购房合同的履行，该笔抵偿债务是否存在及是否履行是案件的审理关键，也是本案裁判的基础，生效判决以本案是商品房销售合同纠纷为由，对本案基础法律关系即借款关系的成立和履行不予审查，确有不当。

2. 生效判决仅以收据等证据就认定张某等人足额支付房款，系认定事实缺乏证据证明。本案中，张某、邬某等对债务的履行应承担举证责任，但其提供的证据均无法直接证明其另行向廖某阳以现金方式出借346万元。银行流水单只能证明张某等人有取款行为，不能证明款项向廖某阳交付，且银行流水还有其他人的银行账户，流水所涉金额也与346万元不符。从交易行为看，张某、邬某、江某杰主张其取款后以现金分六次直接支付给廖某阳，但从双方另案判决看，张某及其子给付廖某阳的借款系通过银行转账支付，且本案两笔购房首付款也是通过银行转账方式支付，以上交易行为习惯与张某、邬某、江某杰主张的现金交付借款不符，且涉案金额巨大，以现金交付不合常理。

监督结果 2018年8月24日，四川省高级人民法院作出裁定，指令凉山州中级人民法院再审，2019年8月19日，四川省凉山彝族自治州中级人民法院经审判委员会讨论决定，作出再审判决。该院认为，原审判决将本案所涉商品房买卖合同与当事人前期的借款合同进行分割，仅单独就商品房买卖合同进行审理，与双方当事人陈述的本案基本事实、双方当事人约定的购房款付款方式，即以借款冲抵购房款不符。原审判决在双方当事人均认可没有向某开发建设公司实际支付493.5296万元的情况下，仅以收据本身所载明的金额为据，认定张某已支付购房款493.5296万元不当。本案应由张某、邬某、江某杰对廖某阳在2014年5月21日至9月1日期间向张某分六次借款共计346万元的事实承担举证责任。因张某、邬某、江某杰在本案中提供的证据之间存有诸多疑点，对待证事实即用以冲抵购房款的346万元借款是否实际履行，未能达到高度可能性的证明标准，故不能认定该事实存在。对某开发建设公司有关张某、邬某、江某杰支付购房款452.1542万元的请求，予以支持；有关逾期支付购房款违约金的请求不予支持。判决：撤销一审、二审判决；张某、邬某支付购房余款429.1542万元；江某杰支付购房余款23万元；驳回某开发建设公司的其他诉讼请求。

典型意义

1. 审查涉以房抵债纠纷案件时，不能将“房”的事实和“债”的事实机械分割。履行期届满后达成的以物抵债协议的成立不当然消灭原有的债权债务关系，而是成立了一项新债，新债和旧债并存。以房抵债属于以物抵债的形式之一，检察机关在审查以房抵债纠纷案件时，既要审查以房抵债协议的效力及履行情况，又要审查原债权债务关系的真实性及履行情况。第一，审查以房抵债协议的效力，注重审查以房抵债协议是否存在当事人恶意串通损害第三人合法权益、损害国家利益等情况。第二，审查原债权债务关系的真实性，注重审查债权债务是否发生及具体数额。对于借贷之债，《民法典》第680条第1款明确规定禁止高利放贷，借款的利率不得违反国家有关规定。因此，在审查时要防止当事人将超出法律规定保护限额的高额利息转化为合法债权。第三，审查以房抵债协议、原债权债务的履行情况，对于原债权债务已经履行得以清偿的，以房抵债协议不再履行。同理，以房抵债协议已经履行的，原债权债务关系消灭。

2. 在无法提供借款合同和借据等表明借款关系存在的证据时，出借人应当对民间借贷关系的存在及内容承担举证责任。当事人对自己提出的主张，有责任提供证据。一般认为，当事人对自己提出的诉讼请求所依据的事实或者反驳对方诉讼请求所依据的事实有责任提供证据加以证明，没有证据或者证据不足以证明当事人的事实主张的，由负有举证责任的当事人承担不利后果。主张法律关系存在的当事人，应当对产生该法律关系的基本事实承担举证责任；主张法律关系变更、消灭或者权利受到妨害的当事人，应当对该法律关系变更消灭或者权利受到妨害的基本事实承担举证责任。具体到民间借贷案件中，出借人应当对存在借款关系及借贷内容包括借款金额、期限、利率、款项交付等事实进行举证。本案作为《最高人民法院关于审理民间借贷适用法律若干问题的规定》规定之外的一种补充情况，在出借人不能提供借款合同以及借据等表明双方之间存在借贷关系的书面证据时，应当从各证据与案件事实的关联程度、各证据之间的联系等方面进行综合审查判断。就本案来说，张某、邬某、江某杰应对其主张的2014年5月21日至9月1日先后六次出借现金346万元承担举证责任。

3. 现有证据不足以证明案件的隐藏法律关系的，应以外化法律关系作为确定双方当事人权利义务关系的依据。在社会生活中，有的民事交易存在复杂的背景，基于各自诉讼利益考量，当事人交易过程中形成的细节并不都能获得有效证据的支撑，致使出现当事人主张的隐藏法律关系与人民法院查明的外化法律关系不一致的情形。通常主张存在隐藏法律关系，必须提供充分的证据作为支撑。否定书面证据所体现的法律关系承担的证明标准应达到“高度可能性”的程度。换言之，主张否定书面证据所体现的法律关系的当事人在举证方面排除其他的一切可能性，确凿无疑地证明双方在书面证据上所体现的法律关系并非真实，双方存在其他隐藏的法律关系。一般认为，书面合同在性质上属于原始证据、直接证据，其相对于传来证据、间接证据具有较高证明力，应当作为确定当事人法律关系性质的基本依据。在没有充分证据证明当事人之间存在隐藏法律关系且该隐藏法律关系终局地对当事人产生约束的情形下，不宜否定外化法律关系。就本案来说，双方均主张存在口头以物抵债协议，但在债权人未能证明“债”的事实的情形下，难以认定双方当事人现存在真实的“以物抵债”关系。双方就案涉房屋订立了房屋买卖合同，且诉讼中均未对继续履行房屋买卖合同提出异议，按照买卖合同关系确定双方的权利义务关系具有事实和法律依据。

（四川省凉山彝族自治州人民检察院　吴伯勇；
四川省人民检察院　胡颖）

相关规定

1.《中华人民共和国合同法》第五十二条、第一百五十九条（现为《中华人民共和国民法典》第一编第六章第三节、第六百二十六条）

2.《中华人民共和国民事诉讼法》第六十四条

3.《最高人民法院关于适用〈中华人民共和国民事诉讼法〉的解释》第九十条、第九十一条、第一百零八条

4.《全国法院民商事审判工作会议纪要》（法〔2019〕254号）第四十四条

4. 具有法人人格混同外在表现的关联公司如何承担连带责任

——山西临汾市某房地产开发有限公司借款合同纠纷案

关键词

抗诉　公司法人人格混同　合同相对性　债务加入　连带责任保证

要旨

公司股东应以出资额为限，对公司承担有限责任。股东未滥用公司法人独立地位逃避债务并严重损害公司债权人利益的，不应对公司债务承担连带责任。检察机关应严格适用股东有限责任等产权制度，依法保护投资者的个人财产安全，让有恒产者有恒心。

公司人格独立是公司法的基本原则，否认公司独立人格是例外情形。一些民营企业因管理不规范，往往出现法人人格混同的外在表现。检察机关要严格法人人格混同认定标准，重点审查案涉关联公司是否存在人员、业务、财务混同，丧失独立人格的情形。

基本案情

2006年12月30日，临汾市某旧车经营有限公司（以下简称某旧车经营公司）向山西省尧都某商业银行股份有限公司（以下简称某商业银行）下属的原某信用社借款1000万元，临汾市某工程有限公司提供担保。借款即将到期时，某旧车经营公司归还借款本金120万元及部分借款利息，某旧车经营公司法定代表人曹某军、某房地产开发有限公司（以下简称某房地产公司）原法定代表人鲁某刚分别向某商业银行出具未加盖公章的承诺书，称该笔借款用于某房地产公司购置经营用地，申请延期归还借款本金及利息。因某旧车经营公司、某房地产公司未按约定履行还款责任，2015年7月8日，某商业银行向临汾市尧都区人民法院起诉，要求某旧车经营公司归还借款本金880万元及利息、罚息，某房地产公司承担连带还款责任。

临汾市尧都区人民法院作出（2015）临尧民初字第2536号民事判决。该院一审查明，某旧车经营公司法定代表人为鲁某刚外甥曹某军，某房地产公司原法定代表人、某汽车贸易有限公司（以下简称某汽车贸易公司）法定代表人均为鲁某刚。鲁某刚为三家公司的实际控制人，三家公司的办公地点、财务人员均相同。某旧车经营公司借款到账后，案涉三家公司及鲁某刚均使用过此款。审理中，某房地产公司称其法定代表人及股东均已变更，与某汽车贸易公司、某旧车经营公司之间的账目已结清。该院一审认为，某旧车经营公司、某房地产公司、某汽车贸易公司之间表征人格的因素（人员、财务、营业场所等）高度混同，导致各自财产无法区分，构成人格混同。某旧车经营公司法定代表人曹某军、某房地公司原法定代表人鲁某刚向原告出具的承诺书应予确认，某房地产公司所负债务并不因股东和法定代表人的变更而转移。判令：某旧车经营公司归还某商业银行借款本金880万元及利息、罚息，某房地产公司对还款承担连带责任保证。

某房地产公司不服，上诉至临汾市中级人民法院，该院二审维持原判。后某房地产公司向山西省高级人民法院申请再审被裁定驳回。

检察机关监督情况

审查过程 2017年8月，某房地产公司向临汾市人民检察院申请监督，该院受理后进行审查。临汾市人民检察院经调查核实，查明：（1）案涉三家公司股东之间存在亲戚关系，但三家公司各自记账，财务独立，不存在各公司财产无法区分的现象。（2）2009年9月9日，某房地产公司向临汾市工商行政管理部门申请变更登记，鲁某刚不再担任公司的法定代表人，由王某祥担任公司的法定代表人。2009年11月23日，鲁某刚将剩余股份转让给他人，完全退出某房地产公司。（3）某信用社出具《关于对某旧车经营有限公司贷款1500万元的调查报告》载明，借款人：某旧车经营有限公司；担保人：某工程有限公司，法人代表王某庆，注册资金2000万元。如果贷款到期没有归还，自愿代为偿还全部贷款本息，并承担连带责任。

监督意见 2017年11月8日，临汾市人民检察院向山西省人民检察院提请抗诉。山西省人民检察院于2017年12月14日向山西省高级人民法院提出抗诉。检察机关认为，二审生效判决适用法律错误。首先，鲁某刚、曹某军出具承诺书的行为是个人行为，不能代表公司法人行为。根据《最高人民法院关于适用〈中华人民共和国担保法〉若干问题的解释》第4条的规定，由此引发的危害后果应由鲁某刚、曹某军承担连带责任。其次，本案人格混同是某旧车经营公司、某汽车贸易公司与鲁某刚、曹某军人格混同，而非某旧车经营公司、某汽车贸易公司与某房地产公司的人格混同，且某房地产公司付购地款在先，某旧车经营公司贷款在后，鲁某刚、曹某军出具承诺书目的就是利用公司人格混同的外在表现，利用股东变更的间隙，掩饰自身与某旧车经营公司、某汽车贸易公司人格混同，侵害某房地产公司及其股东利益。最后，某商业银行作为一个专业的金融机构，未尽到基本的谨慎义务，未及时监管贷款的用途与后续汇款等情况，并在合同约定的保证期间和法律规定的保证期间，主动放弃保证人某工程有限公司的保证责任。

监督结果 2019年6月10日，山西省高级人民法院作出再审判决，认定某商业银行突破合同相对性原则，主张某房地产公司与某旧车经营公司构成人格混同，主张鲁某刚作出的承诺书构成债务加入，请求某房地产公司对本案承担连带清偿责任的依据及理由不足，依法不予支持。作出判决撤销二审有关某房地产公司对某旧车经营公司的还款义务承担连带责任保证的判项。

典型意义

1. 正确把握公司法人人格纵向否认的适用。法人是依法设立的，具有独立民事权利能力和民事行为能力，能够独立承担民事责任和义务的组织。《民法典》第60条规定：“法人以其全部财产独立承担民事责任。”公司的财产独立于股东，以公司财产开展生产经营，对外承担责任。股东仅以其出资额或所持股份为限对公司承担有限责任，对其投入公司的财产不再拥有所有权，也不需要对公司的债权人承担责任。在实践中，股东滥用其有限责任和法人独立地位的情形时有发生，为了规范股东的行为，协调公司法人、股东与债权人之间的利益冲突，产生了公司法人人格否认制度。《公司法》第 20 条第 3 款规定："公司股东滥用公司法人独立地位和股东有限责任，逃避债务，严重损害公司债权人利益的，应当对公司债务承担连带责任。"《民法典》第 83 条第 2 款的规定："营利法人的出资人不得滥用法人独立地位和出资人有限责任损害法人债权人的利益；滥用法人独立地位和出资人有限责任，逃避债务，严重损害债权人利益的，应当对法人债务承担连带责任。"根据文义解释，以上两个条款主要适用于股东与公司之间的纵向人格否认，其系指为了保护公司债权人的利益和社会公共利益，允许在特定条件下，否认公司的法人人格和股东的有限责任，责令公司股东或者实际控制人承担责任的一种法律制度。《全国法院民商事审判工作会议纪要》（以下简称《九民纪要》）第 10 条规定："认定公司人格与股东人格是否存在混同，最根本的判断标准是公司是否具有独立意思和独立财产，最重要的表现是公司的财产与股东的财产是否混同且无法区分……"这是因为，公司是企业法人，是独立的民事主体，具有独立于股东的意思和财产。公司法人人格否认制度的创设和应用，进一步完善了公司法律制度，促进了社会经济的正常运转，维护了公司债权人的利益和社会公共利益。

2. 准确认识公司法人人格横向否认的内涵。公司横向人格否认针对的主要是关联公司之间的人格混同。《九民纪要》第 11 条第 2 款对于横向人格否认进行了原则性规定："控制股东或实际控制人控制多个子公司或者关联公司，滥用控制权使多个子公司或者关联公司的财产边界不清晰、财务混同，利益相互输送，丧失人格独立性，沦为控制股东逃避债务、非法经营，甚至违法犯罪工具的，可以综合案件事实，否认子公司或者关联公司法人人格，判令承担连带责任。”这是公司人格否认类型中横向否认的典型情形。通常而言的人格否认，指的多是纵向否认，即否定股东以出资为限对公司债务承担有限责任，而判令股东对公司债务承担连带责任。横向否认则不限于否定股东的有限责任，而是针对控股股东控制下的子公司或者关联公司相互否认人格，相互承担连带责任。《公司法》第 20 条第 3 款针对的是公司股东对公司债务承担连带责任，即纵向人格否认，而没有提及《九民纪要》规定的横向人格否认情形。关联公司发生人格混同后，其各个公司的独立财产制度被打破，公司之间财产所有权归属不明，混淆不清，难以对各自的资金状况进行区分。检察机关办理该类案件，要严格证据标准，既要保护债权人的合法权益，也要保护公司的合法权益。在举证责任分配上，债权人应承担主要举证责任，提供证据充分证明关联公司的人员、业务、财产等方面交叉或混同，导致各公司财产无法区分，丧失独立人格，否则，其主张关联公司人格混同，相互承担连带责任保证的诉求不应予以支持。

3. 公司法人人格否认不是全面、彻底、永久的。《九民纪要》第二章第四节第三点指出：“公司人格否认不是全面、彻底、永久地否定公司的法人资格，而只是在具体案件中依据特定的法律事实、法律关系，突破股东对公司债务不承担责任的一般规则，例外地判令其承担连带责任。人民法院在个案中否认公司人格的判决的既判力仅仅约束该诉讼的各方当事人，不当然适用于涉及该公司的其他诉讼，不影响公司独立法人资格的存续。如果其他债权人提起公司人格否认诉讼，已生效判决认定的事实可以作为证据使用。在审理案件时，需要根据查明的案件事实进行综合判断，既审慎适用，又当用则用。”《最高人民法院指导案例 15 号的理解与参照》最后也特别说明：“关于判决的效力范围……否认公司法人人格的判决效力不涉及该公司的其他法律关系……只是一时一事地否认公司法人人格，具有相对性和特定性，而不具有决定性和对世性。”可见，对于否认关联公司法人人格，应坚持一案一议原则。变化的是此前在 15 号指导案例发布时强调“审慎适用”，但《九民纪要》在强调“审慎适用”的同时，又强调“当用则用”。

（山西省人民检察院　范战荣）

相关规定

1. 《中华人民共和国民法总则》第五十七条、第六十条、第八十三条第二款（现为《中华人民共和国民法典》第五十七条、第六十条、第八十三条第二款）

2. 《中华人民共和国公司法》第三条第一款、第二十条第三款

3. 《全国法院民商事审判工作会议纪要》第十条、第十一条

5. 一审判决生效后作出的工程量鉴定意见书能否作为建设工程合同纠纷再审新证据

——青田甲房地产开发有限公司建设工程合同纠纷案

关键词

再审检察建议　新证据　护航侨企　保障华侨权益

要旨

建设工程合同的施工方以虚增工程量为诉讼标的，发包方未能发现工程虚增问题，导致法院作出错误判决。虽然发包方在原审中可以提出对工程量进行鉴定而未提出，但因原判决生效后作出的鉴定意见能够证实原判决认定的基本事实错误，根据《最高人民法院关于适用〈中华人民共和国民事诉讼法〉的解释》第 387 条第 2 款的规定，应当认定为新的证据。检察机关在审查此类案件时，应全面审查案件材料，厘清证据适用标准，充分发挥法律监督职能；在此基础上立足地方特色（侨乡），服务中心大局工作、优化营商环境及助力社会治理的多元举措，适当延伸司法职能，助力“六稳”“六保”，从而更好地体现检察机关在推进国家治理体系和治理能力现代化上的司法新担当。

基本案情

青田甲房地产开发有限公司（以下简称甲公司）系青田县某地块工程业主，其与温州乙建设有限公司（以下简称乙公司）签订工程总承包协议，约定将涉案工程土建（包含土方、桩基）、装饰及附属工程由乙公司总承包施工，工程量依据施工图纸、图纸会审纪要、甲乙双方工作联系单、甲方的现场签证单，按照《浙江省建筑工程预算定额》（2003版）工程量计算规则按实结算。后因该工程不能按期完工，2014年12月29日，乙公司、甲公司签订《终止合同协议》，约定终止工程总承包协议，并约定按乙公司实际完成工程量验收、结算、支付工程款，主体结顶后一个星期内支付已完成工程80%垫资款。因甲公司未按约支付工程款，2015年6月2日，乙公司以甲公司为被告起诉至青田县人民法院，要求其支付所欠工程款1562.8万元及相应利息。

2015年10月20日，青田县人民法院作出（2015）丽青民初字第529号民事判决。

该院一审认为：原、被告之间约定按实际完成工程量验收、结算、支付工程款。现案涉工程主体已于2014年6月27日结顶验收，原、被告在《终止合同协议》第二条中确认截至2014年8月31日，被告欠原告应付工程款为1086.4324万元（按已完工程量的80%计算），应视为对进度款及应付垫资款（80%）的确认，被告至迟应于2014年9月10日前支付。遂判决：被告青田甲公司于本判决生效之日起15日内向原告温州乙公司支付原、被告在《终止合同协议》第二条中确认的应付工程款1086.4324万元及逾期利息（自2014年9月10日起至款项还清之日止按月利率2%计算）。

甲公司不服生效判决，向丽水市中级人民法院申请再审。2016年9月14日，丽水市中级人民法院作出（2016）浙11民申00054号民事裁定书，驳回甲公司的再审申请。

检察机关监督情况

审查过程 2017年5月31日，甲公司因不服一审判决，向青田县人民检察院申请监督。青田县人民检察院受理该案后，通过调取案卷材料、查看庭审录音录像等全面了解该案具体情况，并通过远程视频询问当事人，了解当事人意见；勘查项目现场，征询建筑专家及法律专家意见。通过调查核实，发现在另案审理中，2017年1月24日，青田县人民法院曾委托丽水市中兴工程咨询有限公司对涉案工程量进行了鉴定，该鉴定意见认为工程实际造价2295.8213万元，遂以此为审查重要突破口，精准收集核查本案所有证据材料。

监督意见 2017年7月27日，青田县人民检察院向青田县人民法院发出检察建议。该院认为，根据新证据丽中基咨（2017）012号鉴定意见，涉案工程造价应为2295.8213万元，青田县人民法院一审判决认定事实错误。

1.《工程造价咨询报告书》依法应当认定为新的证据。本案中，甲公司与乙公司的合同明确约定以实际工程量作为结算依据。一审生效判决后，双方当事人在其他案件审理过程中一致同意委托中介机构作出的《工程造价咨询报告书》，工程实际造价为2295.8213万元，加上履约保证金100万元，实际甲公司应支付的金额是2395.8213万元。由于甲公司已经支付了1944万元，并返还了保证金 100 万元，因此，甲公司应当支付的工程款为 345 万元。因此，丽中基咨（2017）012 号《工程造价咨询报告书》足以证明一审生效判决依据双方当事人约定的造价单从而认定甲公司拖欠应付工程款 1086.4324 万元这一基本事实错误，符合《最高人民法院关于适用〈中华人民共和国民事诉讼法〉的解释》第 387 条（现行第 385 条）规定，属于新的证据。

2. 甲公司逾期提供证据的理由成立。本案中，《工程造价咨询报告书》系在一审判决生效以后作出的，甲公司无法据此另行提起诉讼，因此甲公司逾期提供证据的理由，符合《最高人民法院关于适用〈中华人民共和国民事诉讼法〉的解释》第 388 条第 1 款第 3 项（现行第 386 条第 1 款第 3 项）规定。据此，该《工程造价咨询报告书》应当认定为《最高人民法院关于适用〈中华人民共和国民事诉讼法〉的解释》第 387 条（现行第 385 条）规定的新证据。

监督结果　青田县人民法院采纳了检察建议，再审撤销原审判决第一项内容，改判甲公司支付乙公司 344.9338 万元工程款及其逾期付款违约金。

典型意义

1. 准确把握“新证据”认定标准。2001 年《最高人民法院关于民事诉讼证据的若干规定》中对新证据的规定设立了严格的时限制度，未在举证期限内提出新证据的即可能面临失权的严厉制裁。2015 年《最高人民法院关于适用〈中华人民共和国民事诉讼法〉的解释》第 387 条、第 388 条对“新证据”作了不同于以往的规定，采取了区分逾期提供证据的不同情况、对应不同后果的处理方式，即当事人逾期提交证据，只要主观上没有故意或者重大过失，或者即使有故意或重大过失，但该证据与案件基本事实有关，在再审中能证明原裁判认定基本事实或者裁判结果错误的，都属于新的证据，法院应当予以采纳。此解释体现了目前司法实践中“再审新证据”采信标准上，最高人民法院由过度强调证据失权带来案件“法律真实”与“客观真实”的矛盾，转向保护“客观真实”的趋势。因此，检察机关在工作中应强化线索发现和调查核实的职能，充分行使阅卷、勘查、询问等调查核实权，综合运用专家咨询、类案分析等方法，准确把握案件基本事实，理顺疑难复杂问题，精准定位监督焦点。同时，检察机关在认定“新的证据”时，也要充分审查新证据出现的背景及延迟提交理由，把握举证时限制度与新证据之间的平衡，以新证据逾期提交的理由是否正当合理作为采纳标准，而不应轻易以其逾期提交违反举证期限制度为由否定其证据资格。

2. 依法开展调查核实，夯实案件事实基础。调查核实权是民事检察监督的重要措施，对于检察机关履行监督职能、查明案件争议事实具有重要意义。检察机关在履职过程中，要充分行使阅卷、现场勘查、询问等调查核实权，综合运用专家咨询等方法，把握案件事实。本案中，青田县人民检察院通过查阅案卷材料、查看庭审录音录像、勘查项目现场等全面了解该案具体情况；并通过涉侨案件远程视频远程询问当事人，了解当事人意见；专门调取涉案工程鉴定意见，征询建筑专家及法律专家意见，厘清工程量鉴定意见的有效性。通过调查核实，发现在其他案件审理过程中，青田县人民法院曾委托第三方对涉案工程量进行了鉴定，作出《工程造价咨询报告书》（丽中基咨（2017）012 号），从而精准把握案件监督点。

3. 紧扣中心工作大局，立足侨乡县情依法监督，切实彰显检察机关在优化营商环境中的司法担当。青田县人民检察院根据侨乡33万华侨遍布世界各地的特殊县情，开辟涉侨案件办理绿色通道，在受理本案后，青田县人民检察院快速厘清案情，聚焦矛盾焦点，并针对案件当事人身处国外的情况，通过涉侨案件远程视频进行远程询问，及时全面掌握当事人意见。

4. 与时俱进延伸司法职能，打造涉侨检察品牌，全面助力高质量绿色发展。本案中，青田县人民检察院并未止步于“案结事了”，而是以办理本案为契机，总结类案监督模式，针对华侨对国内法律不熟悉、不知晓等问题，延伸法律服务等司法功能，率先出台《关于保障华侨侨资安全、优化侨企发展环境的实施意见》，搭建检侨工作平台，建立检侨常态化联络机制，重点安排民事检察部门联动县侨联，指派专人对接指导侨资企业加强制度化建设，及时为侨企就法律问题进行答疑解惑。通过工作实践，该项工作已逐渐成为助力党委政府打好“侨牌”发展开放型经济的优质检察产品，受到党委政府及侨企等社会各界人士的广泛认可。

（浙江省青田县人民检察院　丁露、郑冰贞）

相关规定

1. 《中华人民共和国合同法》第六十条、第一百零七条、第二百八十六条（现为《中华人民共和国民法典》第五百零九条、第五百七十七条、第八百零七条）

2. 《中华人民共和国民事诉讼法》第二百条第一项、第二百零八条第二款

3.《最高人民法院关于适用〈中华人民共和国民事诉讼法〉的解释》第三百八十七条、第三百八十八条（现为第三百八十五条、第三百八十六条）

4.《最高人民法院关于建设工程价款优先受偿权问题的批复》第三条、第四条

5.《人民检察院民事诉讼监督规则（试行）》第八十三条、第八十八条（现为《人民检察院民事诉讼监督规则》第八十一条、第八十七条）

6. 保证人与债权人未就担保的最高债权额达成合意的，最高额保证合同不成立

——温州某光学有限公司保证合同纠纷裁判结果监督案

关键词

抗诉　最高额保证　合同主要条款　合意　合同成立

要旨

最高额保证合同作为一种特殊的保证合同，是为了担保未来发生的债权而设立的合同，属于单务、无偿、要式合同。在最高额保证合同关系中，担保债务本金最高额决定了保证人提供保证的范围，属合同的主要条款，需保证人与债权人在担保债权未实际发生前达成合意。否则，应当认定当事人之间的最高额保证合同不成立。

基本案情

2012 年 1 月，某泰公司向温州某银行申请贷款，该银行的工作人员姚某系办理该笔授信、贷款业务的客户经理。该银行信贷审批中心于 2012 年 2 月 2 日出具《授信批复》载明："同意给予某泰公司综合授信 16000 万元，其中敞口额度 7000 万元，

期限一年，用于流动资金周转，由某光学有限公司提供连带保证4600万元……”其间，某光学有限公司同意为某泰公司向该银行的贷款提供2600万元最高额保证担保。2012年2月6日，该银行与某泰公司签订了《综合授信额度合同》。同日，姚某与该银行协办客户经理杨某某及某泰公司的法定代表人董某某来到某光学有限公司，向该公司确认最高保证金额为2600万元后，由某光学有限公司的法定代表人吕某在填写项空白的《最高额保证担保合同》上签名并加盖了公司的公章，姚某还索取了加盖某光学有限公司公章的填写项空白的股东大会决议。此后，姚某未经某光学有限公司同意，也未告知该银行时任行长周某某，擅自按事先批复规定的要求，将某光学有限公司已盖章且填写项空白的编号为深发温龙额保字第20120206001－1号《最高额保证担保合同》（该合同载明债权人为某银行，保证人为某光学有限公司）第一条某光学有限公司的担保金额处打印形成“肆仟陆佰万元整”，并填写相应的股东大会决议，后该银行按贷款审批流程核对后加盖印章。2012年三四月份，某光学有限公司的财务人员叶某某到其他银行办理业务时得知，某光学有限公司为某泰公司提供保证被填写数额超过2600万元，多次向董某某及姚某核实，姚某遂于2012年5月30日联系某泰公司，并拼凑一份最高保证金额为2600万元的保证合同，由某泰公司的会计传真给某光学有限公司，以搪塞某光学有限公司。

某银行于2012年3月至8月向某泰公司共发放贷款7000万元，该贷款未按期收回。2015年，姚某因犯违法发放贷款罪被判处刑罚。

2016年3月31日，某光学有限公司向浙江省温州市鹿城区人民法院提起诉讼，请求判令涉案《最高额保证担保合同》不成立。某银行提起反诉，请求确认合同成立。浙江省温州市鹿城区人民法院作出一审民事判决，认为就最高额保证担保责任某光学有限公司和某银行之间并未达成生效的要约与承诺，案涉合同不成立，并判决驳回了某银行的诉讼请求。其银行不服，向浙江省温州市中级人民法院提起上诉。浙江省温州市中级人民法院于2017年12月22日作出二审民事判决，认为诉争的《最高额保证担保合同》自双方签字盖章时已成立，但涉及信贷员擅自篡改金额部分对某光学有限公司不发生合同约束力。某光学有限公司不服二审判决，向浙江省高级人民法院申请再审。浙江省高级人民法院裁定驳回了某光学有限公司的再审申请。

检察机关监督情况

审查过程 某光学有限公司不服生效判决，于2019年3月6日申请监督，浙江省温州市人民检察院依法受理。通过调阅一审、二审卷宗材料，查看庭审录音录像，会见当事人，浙江省温州市人民检察院全面审查了该案事实认定及法律适用具体情况，认为原审判决法律适用确有错误。2019年4月12日，温州市人民检察院向浙江省人民检察院提请抗诉。

监督意见 2020年1月16日，浙江省人民检察院向浙江省高级人民法院提出抗诉。该院认为，浙江省温州市中级人民法院（2017）浙03民终2857号民事判决适用法律确有错误。主要理由如下：合同是自然人、法人、其他组织之间设立、变更、终止民事权利义务关系的协议，合同成立的根本标志在于当事人意思表示一致，即达成合意。达成合意一般并不要求当事人对合同所有内容都意见一致，但是对于合同的主要条款，双方必须达成一致意见。所谓主要条款，应根据法律规定、合同性质及当事人的约定具体确定。原《最高人民法院关于适用〈中华人民共和国合同法〉若干问题的解释（二）》第1条第1款规定："当事人对合同是否成立存在争议，人民法院能够确定当事人名称或者姓名、标的和数量的，一般应当认定合同成立。但法律另有规定或者当事人另有约定的除外。"即数量条款为合同成立一般必须具备的主要条款。最高额保证合同属于单务、无偿合同，保证人只负担义务，担保的最高债权额即担保金额决定保证人责任的范围，对于保证人利益具有重要影响，是合同中必须明确的内容，应为合同主要条款。本案最高额保证合同缔约过程中，某银行《授信批复》以及某光学有限公司与债务人某泰公司、某银行协商中均将担保金额作为重要内容予以明确，某银行承办人姚某操作中就此内容进行欺瞒，某光学有限公司财务人员此后就此内容多次核实，姚某为此拼凑合同进行搪塞等，均表明担保金额是双方订立合同时重点考虑的内容，为本案最高额保证合同的主要条款。

本案双方对于担保金额并未达成一致。某光学有限公司向某银行明确表示，其担保的最高债权额为2600万元。某银行此前的《授信批复》及此后审核并加盖印章确认的深发温龙额保字第20120206001－1号《最高额保证担保合同》均表明，其接受保证的最高债权额为4600万元。双方意思表示中担保金额存在巨大差距，即双方未就担保的最高债权额达成一致。至于某光学有限公司交付填写项空白、加盖公章的《最高额保证担保合同》及股东大会决议，因该公司当时已向某银行及债务人某泰公司清楚表明担保的最高债权额为2600万元，意思表示明确，也不属于提供空白合同的授权行为。因此，某光学有限公司与某银行并未就深发温龙额保字第 20120206001 -1 号《最高额保证担保合同》的主要条款达成一致，该合同未成立。原审法院认为深发温龙额保字第 20120206001 -1 号《最高额保证担保合同》已经成立，法律适用存在错误。

监督结果 浙江省高级人民法院于 2020 年 9 月再审判决：检察机关提出的抗诉意见于法有据，予以支持。原一审判决认定事实清楚，适用法律正确，实体处理恰当，应予维持。原二审判决适用法律错误，实体处理不当，予以纠正。撤销温州市中级人民法院二审判决，维持温州市鹿城区人民法院一审判决。

典型意义

1. 担保债务本金最高额作为最高额保证合同的主要条款，在担保人与债权人未就债务本金最高额达成合意的情形下，应认定当事人之间的最高额保证合同不成立。一般认为，合同的当事人、标的、数量、质量等是合同的主要条款。最高额保证合同中，被保证的主债权的最高限额系该类合同的主要条款，缔约双方未就该条款达成合意的，合同不成立。原《最高人民法院关于适用〈中华人民共和国担保法〉若干问题的解释》第 22 条规定，第三人单方以书面形式向债权人出具担保书，债权人接受且未提出异议的，保证合同成立。《民法典》第 685 条第 2 款吸收了此规定。上述规定明确表明即使在特殊情形下，保证合同的成立仍应遵守需经要约、承诺过程。“第三人单方以书面形式向债权人出具担保书”属于保证人向债权人提出要约，“债权人接受且未提出异议”属于债权人作出承诺。在最高额保证合同纠纷中，保证人发出的要约主要条款内容被篡改后到达承诺人，本人未有过错的，该要约并非保证人的真实意思表示，债权人对此要约予以接受、未提出异议的，应当认为双方就保证合同未达成合意，该最高额保证合同应当认定为未成立。

2. 第三人单方以书面形式向债权人出具最高额保证的担保书，表明愿意对一定期间内将要连续发生的债权提供担保的，债权人作出承诺的合理期限应认定为在该担保书担保的债权实际发生前，债权人在债权实际发生后再向第三人作出承诺的，该承诺应当视为已超过承诺期限，为新要约。原《担保法》第 14 条规定，保证人与债权人可以就单个主合同分别订立保证合同，也可以协议在最高债权额度内就一定期限连续发生的借款合同或者某项商品交易合同订立一个保证合同。《民法典》第 690 条对此亦作了规定。因此，有别于普通保证合同担保的债权系特定债权，最高额保证合同所担保的债权具有不特定性，且通常为未来发生的债权提供担保，合同成立前已经存在的债权，只有经当事人同意，才可转入最高额保证的债权范围。故第三人单方以书面形式向债权人出具愿意为债权人未来发生的债权提供最高额保证的担保书时，债权人作出承诺的合理期限应为该担保书担保的债权未实际发生前，即债权人在该担保书担保的债权未实际发生前作出接受且未提出异议的意思表示，该承诺才生效，最高额保证合同才能成立。债权人在债权实际发生后再对保证人作出承诺的，应当认为该承诺已超过承诺期限，应认定为发出新要约，要约人对此不予认可的，最高额保证合同不成立。

3. 互保联保制度有效缓解了中小企业融资中的担保缺失问题，但同时也带来了较大的信贷风险。防范和化解企业互保联保风险，既要依法防范“逃废债”、维护金融安全，又要依法认定担保合同的效力，合理保护无过错的担保企业的生存利益。在有关企业与银行等金融机构的担保法律关系中，一味强调担保转移风险保障债权的，其后果是债权人将自身过错带来的风险转嫁给担保人，不适当加重担保人的负担，助长了债权人的侥幸心理。担保实践中，要坚持符合诚实信用、等价有偿的市场经济规律的完整的价值取向，合理认定双方过错，避免民事法律责任泛化。对金融机构违反金融监管规定，损害社会公共利益的行为，依法否定其法律效力；银行工作人员与债务人恶意串通，骗取担保人提供担保，损害保证人利益的，应依法认定合同无效；银行工作人员知道或者应当知道债务人明显没有履行能力、贷款用途虚假等情形，以欺诈、胁迫的手段骗取担保，违背保证人真实意思的，保证人可依法请求法院撤销；对金融机构仅起诉保证人的案件，应依职权主动审查不起诉债务人的原因、债务人的真实状况。同时，加大对逃废债务及金融违法犯罪行为打击力度，严格甄别各种以合法形式掩盖的非法集资、高利贷等违法金融活动，及时移送相关犯罪线索。

4. 检察机关应当聚焦涉企担保典型案件，提升民事检察服务民营经济能力。融资担保问题是关系企业生存和发展的重大事项，民事检察监督过程中，关注有关企业为他人保证等与企业生存利益息息相关的案件是检察机关精准监督、精准服务的着力点和切入点。本案原生效判决过度保护金融机构利益，忽略银行等金融机构在担保审查过程中的过错，造成对民营企业合法权益的损害。检察机关通过依法履行监督职责，对确有错误的生效裁判依法提出监督意见，有利于规范银行等金融机构的担保流程和内部管理，建立诚信担保体系，从而保障民营企业的健康发展。

（浙江省温州市人民检察院　胡红慧、陈文雅）

相关规定

1.《中华人民共和国合同法》第十二条、第十三条、第十四条、第二十三条、第二十八条（现为《中华人民共和国民法典》第四百七十条、第四百七十一条、第四百七十二条、第四百八十一条、第四百八十六条）

2.《中华人民共和国担保法》第十四条（现为《中华人民共和国民法典》第六百九十条）

3.《最高人民法院关于适用〈中华人民共和国担保法〉若干问题的解释》第二十二条（现为《中华人民共和国民法典》第六百八十五条第二款）

7. 私盖公章对外担保法律效力的认定

——湖北某科技公司民间借贷纠纷裁判监督案

关键词

抗诉　民间借贷纠纷　私盖公章　公司担保　表见代理

要旨

在涉及公司间民间借贷纠纷监督案件的办理中，检察机关须注重审查借贷关系当事人和担保人签字与盖章的真实性，对于公司股东未经公司许可，擅自使用非公司实际使用的印章以公司名义对外提供担保的行为，在认定其不构成表见代理的基础上应根据公司法相关规定判断行为的法律效力。无公司真实授权而私盖公章进行虚假授权的代理人，在诉讼中明知但故意隐瞒，诱使法院作出实质错误的民事调解书，严重扰乱人民法院正常的审判活动和审判秩序，明显违反法律规定，损害了国家利益和社会公共利益，检察机关可依当事人申请对该民事调解书依据《中华人民共和国民事诉讼法》第 201 条的规定提出抗诉，督促法院再审进行纠正。

基本案情

湖北某科技公司成立于2006年11月28日，其后该公司股东进行过多次变更。2008年起，王某忠、王某博父子逐步入股某科技公司，2008年12月8日，公司法定代表人变更为王某忠。2009年4月10日，法定代表人变更为王某博。2010年11月30日，湖北某集团入股某科技公司，占股60%，法定代表人变更为张某帅。2011年5月11日，王氏父子向某集团移交某科技公司工商登记印章。2011年8月10日，某科技公司股权变更为某集团占60%，王某博占30%，王某忠占10%，其后至原案起诉时，某科技公司无股权变动。

2014年6月11日，王某勇与某实业有限公司（该公司系王某忠实际控股）签订《借款合同》一份，约定源某实业有限公司向王某勇借款人民币3000万元，借款期限自2014年6月11日至2014年7月30日，由湖北某机械加工制造有限公司、襄阳某电子科技有限公司、某机电贸易湖北有限公司、王某忠、王某、张某雄、龙某娇、龚某飞、罗某军提供担保，合同附连带保证承诺函3张，相较《借款合同》增加保证人某科技公司、某压缩机有限公司、王某博（除某科技公司外其余担保公司均系王氏父子直接、间接控股，担保人均系其亲友），其中一张连带保证承诺函保证人位置盖有某科技公司印章，但无法定代表人签字（其余法人担保均有法定代表人签字）。

2014年8月19日，因某实业有限公司未按时还款，王某勇以借款人（某实业有限公司）及保证人（王某博、某科技公司等12名）为被告向杭州市滨江区人民法院提起诉讼。2014年10月16日，王某博持除其本人及其担任法定代表人的某压缩机有限公司外其余10名被告的授权委托书与原告方达成调解协议。2014年10月16日，滨江区人民法院以民事调解书确认：由某实业有限公司分期履行结欠王某勇借款本金3000万元以及从2014年8月18日起的借款利息（按照日千分之一点二的利率计算），由某科技公司等其余12家被告对某实业有限公司的给付义务承担连带清偿责任。

某科技公司不服，于2015年1月4日向杭州市滨江区人民法院申请再审称：（1）再审申请人未收到起诉状副本和传票，也未委托代理人参加调解，授权公章需要鉴定；（2）一审13位被告，只有1名被告以及11位被告委托的代理人参与调解，仍有1名被告既没有参加也没有委托代理人参与调解，调解书违反了调解自愿原则。为此，申请人要求再审并撤销上述调解书。

杭州市滨江区人民法院于2015年4月3日作出民事裁定：本案王某博作为某科技公司的股东之一，且持盖有某科技公司印鉴的授权委托书，一审据此向王某博送达某科技公司的法律文书于法有据。王某博作为某科技公司的特别授权代理人，其代表某科技公司与王某勇、某实业有限公司等所达成的调解协议，应视为某科技公司真实意思表示。某科技公司虽质疑印鉴的真实性和效力，但未能提供有效证据证明《授权委托书》上的印鉴系王某博伪造或已经停止使用，故某科技公司提出的调解违反自愿原则的事由不成立。某科技公司在再审申请期间要求法院对印鉴的真实性进行鉴定，因不符合《最高人民法院关于适用〈中华人民共和国民事诉讼法〉的解释》第399条规定，不予准许，裁定驳回某科技公司的再审申请。

检察机关监督情况

审查过程 2015 年 11 月 10 日，某科技公司向滨江区人民检察院提出申诉。案件受理后，滨江区人民检察院通过详细阅卷和询问，梳理出本案原审中的两个关键问题：一是为某实业有限公司提供担保是否为某科技公司真实意思表示；二是王某博是否有权代表某科技公司参与原案诉讼。滨江区人民检察院随即委托杭州市人民检察院技术处对原案中关键证据《连带保证承诺函》《授权委托书》上某科技公司公章进行鉴定，在杭州市人民检察院出具关于《连带保证承诺函》《授权委托书》上“某科技公司”字样与某科技公司于孝感市工商行政管理局登记印章印文不是同一枚印章所盖的鉴定意见后，经过仔细论证、充分说理，认为原审调解违反自愿原则，及时向杭州市人民检察院提请抗诉。

监督意见 2017 年 4 月 7 日，杭州市人民检察院向杭州市中级人民法院提出抗诉，具体理由是：

1. 落款为某科技公司的《连带保证承诺函》和《授权委托书》涉嫌伪造。经对上述《连带保证承诺函》和《授权委托书》上的某科技公司印文与某科技公司提供的公章印文样本进行对比鉴定。杭州市人民检察院作出的杭检技鉴〔2015〕11 号印章印文鉴定书认为，上述两份证据中的某科技公司印文系同一枚印章所盖印，但与样本上的印文不是同一枚印章所盖印。同时，某科技公司申请监督时补充提供的孝感市公安司法鉴定中心（孝）公（刑）鉴（文）字〔2015〕043 号鉴定文书和孝感市公安局高新区分局高新公（刑）刑立字〔2016〕119 号立案决定书，也证明了某实业有限公司实际控制人王某忠持有的某科技公司印章与某科技公司及该公司在工商局留档材料中使用的印章均不同，且孝感市公安局高新区分局已就王某忠涉嫌伪造公司印章立案审查。根据上述证据，案涉落款为某科技公司的《连带保证承诺函》和《授权委托书》两份证据均涉嫌伪造，法院据此进行调解确有错误。

2. 王某博在诉讼中故意隐瞒了上述事实，损害了法院的正常审判活动。王某博承认《连带保证承诺函》和《授权委托书》上的公章均系私自加盖，所加盖的公章系股权转让后私下保留的公章，与移交某科技公司对外使用的公章不是同一枚印章，加盖时也未征得某科技公司的同意。可见，为案涉借款提供担保以及特别授权王某博代理本案诉讼均非某科技公司真实意思表示，王某博在诉讼中明知却故意隐瞒，诱使法院作出实质错误、违反自愿原则的民事调解书，严重扰乱了人民法院正常的审判活动，破坏了人民法院的审判秩序，违反了法律规定，从而损害了国家利益和社会公共利益。

3. 调解协议对利息的约定明显超出了银行同类贷款利率的四倍，根据《最高人民法院关于人民法院审理借贷案件的若干意见》第 6 条“民间借贷的利率可以适当高于银行的利率，各地人民法院可根据本地区的实际情况具体掌握，但最高不得超过银行同类贷款利率的四倍（包含利率本数）。超出此限度的，超出部分的利息不予保护”之规定，原审法院以调解书的形式对超出部分的利息仍予确认，也违反法律规定。

监督结果 2016 年 4 月 18 日，杭州市中级人民法院作出民事裁定，指令杭州市滨江区人民法院再审。

2016 年 7 月、9 月，杭州市滨江区人民法院两次开庭再审本案，经杭州市人民检察院指派，滨江区人民检察院派员出庭，履行检察监督职能。本案涉及非公有制企业股权变更、经营控制权转换等复杂背景，借款、贷款、担保三方分别以各自利益为出发点进行主张，法律问题和公司权益分配矛盾交织，庭审中，出庭检察人员对检察机关在审查过程中依职权委托取得的鉴定意见等相关证据予以出示并进行说明，针对原审原告辩护人提出的该案不属于检察机关监督范围的辩护意见作出有力反驳，通过案件办理中与王氏父子利弊分析到位的沟通说服、再审庭审中的有力举证及当庭法治教育，促使王某忠当庭承认公章系其个人私刻，间接印证了检察机关公章鉴定意见的客观性，奠定了本案能顺利解决的事实基础。

案件再审过程中，检察机关出于王氏父子资产已被多轮查封无力以现金履行本案债务的现实考量，以某科技公司新控股方某集团想保留被查封土地为突破口，与再审法院积极配合，促使最终达成原告王某勇放弃部分利息、某集团以受让王氏父子所持某科技公司的股份为条件结清本案剩余 2990 万元债务的三方和解方案，该和解方案获得三方的认可，平和、圆满地解决了该案。事后，某科技公司人员就检察机关能够在办案中公正对待本地外地企业、积极回应非公企业主张合法权益诉求、保障和促进非公企业生存发展的做法专门表达了感谢。最终，某科技公司撤回再审请求。滨江区人民法院作出民事裁定，准许该公司撤回再审程序。

典型意义

1. 股东私盖公章行为是否构成表见代理应根据具体情况分析判定。根据原《合同法》第 49 条和《最高人民法院关于当前形势下审理民商事合同纠纷案件若干问题的指导意见》规定，构成表见代理必须符合以下两项条件：一是代理人表现出了其具有代理权的外观；二是相对人相信其具有代理权且善意无过失，两项条件缺一不可。《民法典》第172条亦规定：行为人没有代理权、超越代理权或者代理权终止后，仍然实施代理行为，相对人有理由相信行为人有代理权的，代理行为有效。实践中，伪造印章对外签订合同的情形并不少见，相对人判断行为人行为是否具有权利外观，既有可能从印章本身进行，也有可能结合其他外观。法定代表人超越权限提供担保造成公司损失，公司请求法定代表人承担赔偿责任的，人民法院应予支持。《最高人民法院关于适用〈中华人民共和国民法典〉有关担保制度的解释》第7条第3款规定："第一款所称善意，是指相对人在订立担保合同时不知道且不应当知道法定代表人超越权限。相对人有证据证明已对公司决议进行了合理审查，人民法院应当认定其构成善意，但是公司有证据证明相对人知道或者应当知道决议系伪造、变造的除外。"这一规定对善意作出了明确的阐述和定义，对于实践中的认定具有重要指导意义。在印章被确认伪造下，如果只有这一外观，一般不得认定行为人行为构成表见代理。如果既有伪造印章又有其他外观，相对人可以独立凭据其他权利外观判断行为人的代理权，从而发生表见代理的后果。当相对人基于印章以外的权利外观足以相信代理行为时，伪造印章便不再成为阻碍表见代理的因素。因此，检察机关在判断时应当根据案件的具体情形予以认定该行为是否构成表见代理。如果相对人有过错，一般无表见代理适用之余地。

2. 在涉及公司担保的民间借贷纠纷案件中，需合理认定公司对外担保的法律效力。《最高人民法院关于适用〈中华人民共和国民法典〉有关担保制度的解释》第7条第1款规定："公司的法定代表人违反公司法关于公司对外担保决议程序的规定，超越权限代表公司与相对人订立担保合同，人民法院应当依照民法典第六十一条和第五百零四条等规定处理：（一）相对人善意的，担保合同对公司发生效力；相对人请求公司承担担保责任的，人民法院应予支持。（二）相对人非善意的，担保合同对公司不发生效力；相对人请求公司承担赔偿责任的，参照适用本解释第十七条的有关规定。"该条对于越权代表如何处理作出了规定，对相对人善意和非善意两种情形进行了分别规定。实践中，针对公司为他人提供担保的效力判断，主要审查其是否符合《公司法》第16条的规定。《全国法院民商事审判工作会议纪要》（以下简称《九民纪要》）为防止法定代表人随意代表公司为他人提供担保给公司造成损失，加重了债权人对公司机关决议的形式审查义务。即法定代表人原则上可以完整地代表公司进行活动，但涉及担保的，应当取得公司机关决议授权，除非债权人系善意。但《九民纪要》仅明确法定代表人的对外担保权限应受到限制，对法定代表人之外的其他主体如公司的股东、高管以及与公司具有合作关系的人等均未予以明确。实践中，此类人员对外进行担保的不在少数，在审查此类案件时应当主要审查签约人于盖章之时有无代理权，从而根据代理的相关规则来确定对外提供担保的效力。如果其对外担保行为未经董事会或者股东（大）会决议，则构成越权代表，若债权人在对方提供担保时审查上未尽到通常情况下的注意义务，存在一定的过失，则担保行为对其不产生法律效力。

3. 检察机关可灵活运用和解方式推进诉源治理，实现双赢共赢。作为"四大检察"的重要组成部分，民事检察直接处理群众的司法诉求，将矛盾化解在基层，是“枫桥经验”在检察环节的生动实践和具体落实。滨江区人民检察院在本案提请抗诉引发的再审程序中通过出庭举证、教育引导、与法院紧密配合和沟通协调，促成该起难度颇高的棘手纠纷达成三方和解，在不损害国家利益和社会公共利益的前提下，既使债权人债权实现得到保障，又有效避免某科技公司因原法定代表人私自以公司名义对外担保致使公司因承担担保责任而引发资金链断裂的风险，同时王氏父子不再拥有某科技公司股份，也避免了公司大股东某集团与股东王氏父子纠纷导致日后公司的决策困境，是当时情境下综合各方利益考虑最经济、最具备现实可能性的解决路径，实现当事人之间的多赢、检察机关与审判机关的共赢。

（浙江省杭州市滨江区人民检察院　陈昉）

相关规定

1. 《中华人民共和国公司法》第十六条

2. 《中华人民共和国合同法》第四十九条（现为《中华人民共和国民法典》第一百七十二条）

3. 《中华人民共和国民事诉讼法》第二百零一条

4. 《最高人民法院关于当前形势下审理民商事合同纠纷案件若干问题的指导意见》第十三条

5. 《最高人民法院关于适用〈中华人民共和国民法典〉有关担保制度的解释》第七条

6. 《全国法院民商事审判工作会议纪要》第十七条、第十八条

8. 非一次性竣工工程中建设工程优先受偿权的范围如何判断

——某建设公司建设工程施工合同纠纷案

关键词

抗诉　非一次性竣工工程　建设工程优先受偿权　竣工日期　受偿权范围

要旨

对于非一次性竣工验收的建设工程项目，承包方主张建设工程优先受偿权的起算时间点和权利范围如何确定，需要根据工程的功能是否为可分割，以及各方是否约定分开结算价款等具体情况，对“竣工日期”进行综合判断。对于建设工程基本功能上属于不可分割及工程价款整体结算的情形，应以全部工程竣工之日作为承包方行使整个建设工程优先受偿权的时间起算点。

基本案情

某建设公司与某厨具公司于2010年11月18日签订建设工程施工合同一份，约定某建设公司承建某厨具公司的1—4号生产厂房工程，工期为2010年11月18日至2011年9月18日，价款为19418880元等内容。后某建设公司组织施工涉案工程，其中3号、4号生产厂房的主体结构工程质量于2011年6月23日经验收合格；1号、2号生产厂房的主体结构工程质量于2011年8月18日经验收合格。后某厨具公司因融资贷款办理抵押以便及早投产，需提前办理房产证，便于2011年12月15日在对主体外墙、门窗安装、底层地坪浇捣等工程及室外配套工程予以甩项的前提下，组织对涉案厂房工程进行竣工验收，验收结论为合格。2012年3月5日，某厨具公司办理了涉案厂房工程竣工备案登记，该备案登记载明“竣工日期：2011.12.15”。后某厨具公司于2012年3月7日办理了涉案厂房的房地产权属证书。2012年1月至3月，某建设公司继续对甩项的工程及室外配套工程和附属工程等进行施工。2012年5月5日，某厨具公司组织设计单位、监理单位和某建设公司（施工单位）进行竣工验收。2012年5月8日，该部分工程审定为合格。2012年6月30日，某建设公司和某厨具公司对涉案工程进行结算，并签订工程项目汇总表。2012年7月1日，某建设公司、某厨具公司又签订厂房工程决算书，确认涉案工程结算价，确定某厨具公司应付款为1490万元（注：包含利息120万元）。2012年7月18日，某建设公司、某厨具公司再签订“关于某厨具公司（1—4号）厂房工程项目竣工善后有关事项的协议”，载明双方的决算于2012年7月1日最终确定，并约定2012年7月1日为本工程项目竣工验收、交付接受、决算截止日；还约定如某厨具公司于2012年12月30日前未支付部分款项承担月息0.75分的违约责任。

2012年9月13日，某建设公司因与某厨具公司建设工程施工合同纠纷向慈溪市人民法院提起诉讼，请求法院判令：某厨具公司偿付某建设公司工程价款13719501元；如某厨具公司不能清偿以上款项，某建设公司则对本案工程享有优先受偿权；某厨具公司支付利息1403999元，并承担自2012年9月1日始按1490万元为基数以月息0.75分计算至判决确定的履行日止的利息。慈溪市人民法院作出民事判决，判令某厨具公司支付某建设公司工程款及利息，并驳回某建设公司对涉案工程享有优先受偿权的诉请。某建设公司不服提起上诉，宁波市中级人民法院作出民事裁定，将本案发回重审，慈溪市人民法院于2014年7月14日立案受理，依法追加第三人工行兴宁支行参加诉讼。

2014年10月22日，慈溪市人民法院作出重审判决：（1）某厨具公司于本判决生效之日起10日内支付某建设公司工程款1370万元；（2）某厨具公司于本判决生效之日起10日内支付2012年7月1日前的利息120万元，并支付自2012年7月1日起至本判决确定的履行日止以1370万元为基数按月息0.75分计算的利息给某建设公司；（3）驳回某建设公司的其他诉讼请求。

某建设公司不服一审判决，向宁波市中级人民法院提出上诉。宁波市中级人民法院于2015年3月31日作出二审判决（以下简称生效判决），维持原判。某建设公司不服生效判决，申请再审。

2015年12月16日，浙江省高级人民法院作出民事裁定，驳回某建设公司的再审申请。

检察机关监督情况

审查过程 某建设公司不服生效判决，于2016年4月29日向宁波市人民检察院申请监督，宁波市人民检察院依法受理。审查中，通过调阅发回前后数次的全部法院卷宗，并询问案件当事人，发现：首先，重审后一、二审论述的部分理由是相悖的。一审确认了甩项部分优先受偿权，但以没有证据证明甩项工程价款而对该部分优先受偿权未予支持。二审上诉期间，某建设公司提交了该甩项部分的价款鉴定书，但二审法院又以该证据不具有关联性而不予采纳，存在矛盾。其次，检察机关认为，涉案工程属于整体工程，虽分两次竣工验收，但由于工程整体的不可分割性及最后工程价款一并结算等原因，应以最后一次竣工验收时间作为某建筑公司优先受偿权的起算时间，某建设公司主张涉案工程优先受偿权并未超过法定期限。

监督意见 宁波市人民检察院审查后提请浙江省人民检察院抗诉。浙江省人民检察院向浙江省高级人民法院提出抗诉。理由为：1. 二审法院对某建设公司提供的《工程造价咨询报告书》不予采信，存在不当。一审法院认为，某建设公司就后续施工的甩项工程部分工程价款尚在优先受偿权期限之内，依法可以支持，只不过以其不申请造价鉴定，对该部分工程款具体数额没有证据证明为由，驳回了申请人的诉请。在二审阶段，因一审法院认为没有造价鉴定，无法明确某建设公司享有优先受偿权部分的工程价款数额，故某建设公司又对甩项等部分工程造价进行了鉴定，并向二审法院提交了慈溪建银工程管理有限公司出具的《工程造价咨询报告书》。在此，二审法院在认定一审审判理由的情况下，却又以该造价鉴定缺乏关联性而不予采纳，逻辑上明显相悖。

2. 某建设公司对整个涉案工程主张优先受偿权未超过法定期限。根据《合同法》第 286 条（现为《民法典》第 807 条）和《最高人民法院关于建设工程价款优先受偿权问题的批复》

的规定，承包人对建筑工程享有优先受偿权，且该优先受偿权的行使期限为6个月，自建设工程竣工之日或者建设工程合同约定的竣工之日起计算。本案中，要判断某建设公司主张涉案工程优先受偿权是否超过法定6个月期限，就需要确定优先受偿权的起算时间，即涉案工程的实际竣工之日。涉案工程因某厨具公司融资贷款办理抵押的需要，虽于2011年12月15日对主体工程进行了竣工验收，但涉案工程在主体验收之后，仍在继续施工，直至2012年5月才施工完毕，并对甩项部分的工程进行竣工验收。本案涉案建筑工程为整体项目，并非分期工程，甩项工程为该建筑工程功能上不可分割的一部分，在甩项工程部分没有竣工的情况下，不应将其与建筑主体部分的权益割裂开来。且在工程未完毕，造价尚未结算的情况下，就开始起算优先权行使期间，也不符合建设工程优先权设立的目的。因此，不论从整体工程不宜分割的角度，还是双方在2012年5月全部工程实际竣工时才进行工程款结算的角度，对于涉案建筑工程的实际竣工时间，都应从2012年5月起算，申请人起诉要求对涉案工程享有优先受偿权并未超过法定期间。

监督结果　2017年12月1日，浙江省高级人民法院作出再审判决，认为原判以2011年12月15日竣工验收日期经过备案登记为由，将涉案工程划分成几个部分，以各部分工程的竣工之日分别计算某建设公司行使工程价款优先受偿权的起算点，明显不当，应予纠正。改判某建设公司在全部的1370万元工程价款范围内享有优先受偿权。

典型意义

1. 对于非一次性竣工工程的实际竣工时间问题，应当根据工程性质和功能来进行判断。非一次性竣工的工程的实际竣工日期如何确定，就要判断该建设工程是否为功能上不可分割的整体工程，在排除分期工程等情况下，对于整体建筑，虽分阶段进行竣工验收，但后续工程仍为该工程正常使用功能的一部分，应当以最后一次竣工验收的日期作为整体工程的实际竣工之日。因为建筑物建设的根本目的和价值在于使用，双方签订建设工程施工合同的标的和交付对象也应是完整的物，使用功能上有不可分离或欠缺的特性，法律权益的确定和行使上也不存在分段可言。实际建设中，虽然可能因为种种外部原因，进行过多次竣工验收，但对于建设工程优先受偿权，不能因多次竣工验收的行为而将其分割行使，甚至不认可后续施工行为，直接以主体工程竣工之日或行政备案竣工之日作为实际竣工之日，都是极不妥当的。本案涉案建筑工程为整体项目，并非分期工程，甩项工程为该建筑工程使用功能上不可分割的一部分，且在工程未完毕，建造价款尚未结算的情况下，就开始起算优先权行使期间，也不具有建设工程优先权受偿权行使的可期待性。因此，不论从整体工程不宜分割的角度，还是双方在全部工程实际竣工时才进行工程款结算的角度，本案都应以最后一次竣工验收时间作为整体工程的实际竣工时间为准。

2. 要严格把握建设工程优先受偿权的立法本意，保障该项权利的行使和权利人的利益。建设工程优先受偿权是一种法定优先权，优先于意定的抵押权等权利。主要规定体现在我国《合同法》第 286 条（现为《民法典》第 807 条）规定：“发包人未按照约定支付价款的，承包人可以催告发包人在合理期限内支付价款。发包人逾期不支付的，除按照建设工程的性质不宜折价、拍卖的以外，承包人可以与发包人协议将该工程折价，也可以申请人民法院将该工程依法拍卖。建设工程的价款就该工程折价或者拍卖的价款优先受偿。”对于建设工程优先受偿权，其有留置权和抵押权的属性，但其却是一种特殊的、独立的，优先于物上其他抵押权等权利的一种优先受偿权利。法律之所以作如此设定，规定承包人就工程款债权对工程享有优先受偿权，立法背景是基于维护社会公共利益及建筑工人权利之需要（因工程款中很大一部分包含了建筑工人的工资），在相关利益冲突时作出的一种价值选择。办理此类建设工程施工合同纠纷案件时，在建设工程优先受偿权的法律适用过程中，要牢牢把握优先受偿权法律的立法精神，全面梳理案件基本事实，调查实际施工状况和权利主张时间的期待可能性，正确并且合理适用法律，否则将有悖于立法本意，导致判决结果不当，不利于特定群体权益保护，也不利于建筑行业顺利运转和社会的稳定。

3. 检察机关审查时应关注法院对案件证据的使用和采纳，避免有效证据未被采纳的情况出现。在本案中，虽然某建设公司已对“整体工程”享有优先受偿权，甩项部分不单独分割，该部分造价鉴定这一证据是否应被法院采纳已无讨论必要，但对于鉴定条件及证据采信标准这一问题，却也值得检察监督时予以关注。首先，对于鉴定问题。2020 年 5 月 1 日起实施的修改后《最高人民法院关于民事诉讼证据的若干规定》第 41 条规定：“对于一方当事人就专门问题自行委托有关机构或者人员出具的意见，另一方当事人有证据或者理由足以反驳并申请鉴定的，人民法院应予准许。”本案某建设公司在一审法院因其未对甩项部分鉴定价款而不予支持的情况下，二审期间提供了单方委托的甩项部分的造价鉴定，某厨具公司并没有提出异议并申请重新鉴定，二审法院在此情况下，对该鉴定直接不予采纳，显属不当。其次，法院证据采纳标准问题。二审提交新证据标准在修改后《最高人民法院关于民事诉讼证据的若干规定》中已删去，当事人可能承担不遵守举证期限所导致的惩罚，但举证的权利不再被剥夺或限制。本案中，某建设公司二审提供的甩项部分造价鉴定，即使在当时，也是符合法律规定二审新证据的条件的，法院应当予以审查。本案一审认可某建设公司对甩项部分工程的优先受偿权，二审在对这一点没有否认的情况下，又认为该部分的造价鉴定与本案无关联性，在证据采纳标准和说理上都有较大欠缺，有违证据采纳标准。对于证据采信的差异，会直接影响案件审判方向和最终审判结果。我们对生效裁判的检察监督，要特别注意法院对证据采信的环节，如果法院对证据是否采纳的理由不正当，检察机关应予关注和指出，对影响裁判结果和当事人合法权益的，要充分运用检察监督手段进行监督，保障司法公正。

（浙江省宁波市人民检察院　刘海璇）

相关规定

1.《中华人民共和国合同法》第二百八十六条（现为《中华人民共和国民法典》第八百零七条）

2.《最高人民法院关于审理建设工程施工合同纠纷案件适用法律问题的解释（一）》第九条

3.《最高人民法院关于民事诉讼证据的若干规定》第四十一条

9. 原法定代表人以公司名义与第三人订立的合同是否对公司有效

——肇庆市甲食品饮料公司民间借贷纠纷案

关键词

再审检察建议　表见代理　保障民营经济

要旨

公司股权转让变更登记后，原股东、法定代表人以公司名义与第三人签订借款保证合同，第三人未尽必要注意义务的，公司对此不承担保证责任。检察机关应在全面、深入调查核实的基础上，履行法律监督职能，保护民营企业合法权益，维护社会公平正义。

基本案情

2012 年 1 月 19 日，李某膛与苏某建签订《借款合同》，约定李某膛向苏某建借款 330 万元，借款期限自 2012 年 1 月 20 日起至 2012 年 2 月 20 日止。为担保上述债务，李某膛向苏某建出具了肇庆市甲食品饮料有限公司（以下简称甲公司）同意为上述债务提供担保的《肇庆市甲食品饮料有限公司股东会决议》

（以下简称《股东会决议》）及《法人代表证明书》，同时以甲公司法定代表人名义与苏某建签订了加盖有该公司印章的《保证合同》，约定甲公司对李某膛借款承担连带保证责任，保证期间为主合同约定的债务人履行期限届满之日起两年。高要市乙塑料公司（以下简称乙公司）、李某莲、吴某亦为李某膛上述债务提供保证责任担保。另外，在《借款合同》中亦加盖有甲公司印章以确认其以位于高要市南岸西区某小区6625.8平方米的商业用地使用权为涉案债务提供抵押担保，但未办理抵押登记。

2014年1月27日，苏某建向广州市花都区人民法院起诉，请求判令：李某膛立即支付欠款105万元给苏某建，并支付利息；李某莲、吴某、乙公司、甲公司承担连带清偿责任。

2014年7月24日，广州市花都区人民法院作出一审判决。该院认为，李某膛向苏某建借款330万元，有苏某建与李某膛签订的《借款合同》《借据》等为证，事实清楚，证据充分，该院予以确认。李某膛向苏某建借款330万元时，约定借款期为30天（自2012年1月20日至2012年2月20日止），借款期限内的利息及手续费为231000元，如李某膛逾期还款，利息按每天7700元计算，现李某膛尚欠苏某建借款105万元逾期不还，苏某建要求李某膛归还借款105万元及从2012年2月21日起按中国人民银行同期贷款利率四倍计付利息至还清款日止，合法合理，该院予以支持。本案李某莲、吴某、乙公司、甲公司为涉案借款330万元、利息、逾期利息、复利、罚息、违约金等债权人实现债权的一切费用承担连带责任保证，现苏某建要求李某莲、吴某、乙公司、甲公司对上述借款及利息承担连带清偿责任，合理合法，该院予以支持。李某膛、李某莲、吴某、乙公司、甲公司经该院传唤无正当理由拒不履行到庭义务，违反法律规定，该院依法缺席判决：李某膛在判决发生法律效力之日起15日内归还借款105万元给苏某建；李某膛在判决发生法律效力之日起15日内支付上述款项的利息给苏某建，利息以105万元为基数从2012年2月21日起按中国人民银行同期同类贷款利率四倍计至还清款之日止；李某莲、吴某、乙公司、甲公司对上述借款及利息承担连带清偿责任。

判决生效进入执行程序后，甲公司因财产被查封而获知该生效判决，不服遂向广州市中级人民法院申请再审。

2018年10月10日，广州市中级人民法院作出民事裁定，驳回甲公司的再审申请。

检察机关监督情况

审查过程　甲公司不服生效判决，向检察机关申请监督，广州市花都区人民检察院依法受理。围绕甲公司是否确实为李某膛向苏某建的借款提供担保以及本案是否构成表见代理的问题，广州市花都区人民检察院依法调阅原审案卷，对苏某建与甲公司进行询问，核实甲公司工商登记信息，并就本案《保证合同》《借款合同》《法人代表证明书》《股东会决议》等证据上的“肇庆市甲食品饮料有限公司”印文委托鉴定。查明：2011年7月1日，甲公司原股东李某膛、李某莲将其持有的甲公司全部股份转让给麦某全、冯某源，同时，甲公司免去李某膛法定代表人职务并选举麦某全为其法定代表人。2011年7月4日，工商管理行政部门核准变更登记甲公司股东及法定代表人等事项。涉案李某膛向苏某建出具的2012年1月1日《法人代表证明书》上所载甲公司法定代表人仍为李某膛，2012年1月16日《股东会决议》亦由李某膛、李某莲作为股东签字确认。经鉴定，涉案《借款合同》《保证合同》《法人代表证明书》《股东会决议》上“肇庆市甲食品饮料有限公司”印文与2011年7月1日麦某全担任法定代表人后甲公司之真实公章印文不一致。

监督意见 2019年7月22日，广州市花都区人民检察院作出再审检察建议，理由为：

本案的争议焦点在于甲公司是否应对本案债务承担连带清偿责任。生效判决认定甲公司为涉案债务的连带责任保证人，依据的主要证据为苏某建提供的《借款合同》《保证合同》《股东会决议》，根据广州市花都区人民检察院委托鉴定结果可知，上述《借款合同》《保证合同》《股东会决议》上“肇庆市甲食品饮料有限公司”印文与甲公司真实公章印文不一致，结合甲公司原股东李某膛、李某莲已于2011年7月1日将公司股份全部转让给麦某全、冯某源，甲公司已同时免去李某膛、李某莲职务并选举麦某全为法定代表人，以及工商行政管理部门于2011年7月4日核准甲公司就上述事项变更登记等事实，《股东会决议》载明内容显然与事实相悖，《借款合同》《保证合同》《股东会决议》明显经过伪造。生效判决基于伪造的证据作出了甲公司为连带责任保证人的错误事实认定，并从而作出甲公司对本案债务承担连带清偿责任的错误判决，应依法予以纠正。

监督结果 2020年5月13日，广州市花都区人民法院作出再审判决：（1）维持广州市花都区人民法院一审判决第一项；（2）撤销广州市花都区人民法院一审判决第二项、第三项；（3）变更广州市花都区人民法院一审判决第二项为：李某膛在判决发生法律效力之日起15日内支付利息给苏某建；（4）变更广州市花都区人民法院一审判决第三项为：李某莲、吴某、乙公司对上述第一项及第二项债务承担连带清偿责任。

典型意义

1. 公司的法定代表人在终止职权后以法定代表人身份与相对人签订保证合同，相对人善意且无过失的，担保合同对公司有效。司法实践中，常常遇到法定代表人终止职权后仍以公司名义实施民事法律行为的情形，在认定法定代表人的行为效果时，应综合案件具体情况审查是否构成表见代理，是否需要保护相对人的信赖利益。原《民法总则》第172条对表见代理作出如下规定：行为人没有代理权、超越代理权或者代理权终止后，仍然实施代理行为，相对人有理由相信行为人有代理权的，代理行为有效。《民法典》沿用了此规定。由此可知，构成表见代理应符合以下三个条件：一是行为人是无权代理；二是行为人具有一定的权利外观；三是相对人善意无过失。从理论上而言，表见代理制度的设置是对被代理人意思自治与第三人信赖利益保护及维护交易安全之间的立法平衡，因此，判断相对人是否善意无过失是司法实践中判断是否构成表见代理的关键，如果相对人明知或者应当知道代理人无权代理仍与之实施法律行为，就失去了法律所保护的信赖利益，不应认定为表见代理。本案中，公司的法定代表人在终止职权且经工商登记公示后，仍利用其法定代表人身份持与公司真实印章不一致的印章以公司名义与相对人签订保证合同，因相对人只需查询公司工商登记资料即可发现问题，应认定其存在过失，不构成表见代理，其不能依据保证合同要求公司承担担保责任。

2. 行为人越权代表公司或者无权代理公司与相对人订立合

同的，对相对人的善意标准要求不同。行为人越权代表公司是指行为人有权代表公司而超越权限代表公司实施法律行为。由于公司对行为人的权利限制属于公司内部规定，相对人难以核查或者核查成本较高，且越权代表公司的行为人具有明显的权利外观，相对人难以发现行为人已超越权限或者发现成本较高。对此，原《民法总则》第61条第2款、第170条以及《合同法》第50条（现为《民法典》第61条第2款、第170条第2款及第504条）对法定代表人越权及执行任务员工越权进行了相关规定。根据这些规定可知，法律此时对相对人的善意标准要求较低，只要求相对人没有恶意，即不是明知行为人已超越权限及注意到一般注意义务即可。但是，对于行为人无权代理公司的情形，对相对人的善意标准要求则较高，要求相对人在与行为人订立合同时，应当尽到高度谨慎注意义务，查验行为人是否有权代理公司。这是因为，公司的事务一般由法定代表人或者履行一定职权的员工来完成，其他人若要代理公司实施法律行为，必须取得明确授权且授权必须符合法律的相关规定。在司法实务中，可以通过审查相对人在与行为人订立合同时，是否先行向公司核实行为人的代理权限来判断相对人是否尽到注意义务。

3. 案件基本事实认定的证据可能是伪造的，检察机关可以通过鉴定、询问等方式进行调查核实。调查核实权是民事诉讼法赋予检察机关的一项法定职权，检察机关应当充分行使，对人民法院认定案件事实所依据的证据，检察机关应当积极履职，在调查核实基础上做到去伪存真。实践中，可根据案件具体情况综合采取询问当事人、证人、向有关部门调取证据材料、委托鉴定等多种调查措施。因委托鉴定程序性要求较高，且涉及鉴定费用支出等实际问题，故实务中检察机关应就案件是否需要委托鉴定进行审查，具体应审查是否符合以下条件：一是待鉴定事项与存在争议的案件事实有关；二是待鉴定事项属于专门性问题，司法办案人员专业范围内无法判断；三是待鉴定事项无法通过其他调查核实手段查明；四是待鉴定事项未在审判阶段进行过鉴定或者原鉴定确实存在错误。本案中，检察机关通过委托司法鉴定、调取工商登记材料、询问案件当事人等调查核实措施查明了案件事实，甄别了证据真伪，进而实现了对案件的精准监督。

（广东省广州市花都区人民检察院　龙碧霞、秦丽娟）

相关规定

1.《中华人民共和国民法总则》第六十一条、第一百七十条、第一百七十二条（现为《中华人民共和国民法典》第六十一条、第一百七十条、第一百七十二条）

2.《中华人民共和国合同法》第五十条（现为《中华人民共和国民法典》第五百零四条）

3.《中华人民共和国民事诉讼法》第二百条、第二百零五条、第二百零八条

10. 在公司对外订立担保合同中如何认定相对人是否"善意"及担保合同效力

——河南某建设集团有限公司与李某、卢某某借款合同纠纷案

关键词

抗诉　公司对外担保　公司决议　审查义务

要旨

行为人以公司名义对外提供担保的，相对人应当审查行为人是否具有法定代表人身份或者具有代理权外观、提供担保是否依据公司章程经过公司董事会或股东会、股东大会决议。相对人未尽到合理审查义务，不构成"善意且无过失"的，公司对此不承担担保责任。

基本案情

2015 年 3 月 25 日，卢某某因预分包河南某建设集团有限公司（以下简称某公司）工程需交纳保证金及前期垫资，向李某借款，双方签订一份《借款合同》，借款合同约定借款金额 600

万元，借款期限8个月，自2015年3月25日起至2015年11月25日止；某公司、苏某某作为保证人承担连带责任保证；保证范围为本合同项下的借款本金、利息、逾期利息、违约金以及李某为实现债权所支出的所有费用。苏某某在《借款合同》某公司担保落款处签字，上面加盖某公司印章。同时，苏某某作为另一保证人签字。《借款合同》签订后，李某依约于2015年3月25日起通过银行转账400万元，支付现金200万元，共计600万元，履行了出借义务。卢某某于2015年3月26日至2015年4月8日期间通过转账给刁某某、苏某某转款305万元，另给付现金85万元，共390万元作为工程项目保证金。后卢某某未能承包某公司工程，刁某某向卢某某退还保证金299.1万元。

2017年2月25日，李某与卢某某签订《还款确认协议书》，双方确认：(1) 李某已按照卢某某指示转账400万元，现金200万元。(2) 卢某某在借款后支付李某的利息为288万元（按照双方约定的年利率36%，视为从2015年3月25日至2016年7月25日期间的利息），还款来源为卢某某自筹资金向李某付息和某公司（或其工作人员）向李某支付的利息，上述还款均为支付利息。因卢某某违约，按照合同约定已经向李某支付违约金60万元。(3) 截至2017年2月25日，卢某某拖欠李某借款本金为人民币600万元。李某与卢某某在签订该还款确认书后，卢某某未再偿还借款和利息。

2017年3月6日，李某向郑州市惠济区人民法院起诉，要求卢某某偿还借款600万元及实现债权的费用22万元，某公司承担连带责任。审理中，某公司向该院提起司法鉴定申请，要求对李某提供的《借款合同》上所加盖“某公司”的公章真伪进行司法鉴定。该院委托广东明鉴司法鉴定所进行司法鉴定，2017

年6月28日广东明鉴司法鉴定所作出“检材与样本是同一枚印章盖印”的鉴定意见，某公司收到该鉴定结果后要求重新鉴定，该院对重新鉴定不予准许。

郑州市惠济区人民法院一审认为，《借款合同》合法有效。(1) 卢某某按年利率36%支付利息288万元及违约金60万元，双方虽无争议，但利息及违约金相加已超过法律规定，对卢某某已支付李某的60万元违约金，认定系卢某某偿还李某本金。(2) 卢某某与对方签订的《借款合同》中对利息并未明确约定，李某与卢某某签订的《还款确认协议书》中约定的利息对某公司不产生影响，某公司对借款利息不承担连带保证责任。(3) 某公司在《借款合同》中作为连带保证人确认并盖有单位公章，合同约定保证期间为主债务履行期间至届满期间起两年，故某公司辩称其保证属无效保证且保证期限已过的意见应不予采信。遂判决卢某某偿还李某借款本金540万元及利息，卢某某支付李某实现债权的费用22万元，某公司承担连带清偿责任。李某、某公司不服，上诉至郑州市中级人民法院，二审判决驳回上诉，维持原判。某公司申请再审，河南省高级人民法院驳回其再审申请。

检察机关监督情况

审查过程　某公司主张，苏某某不是某公司工作人员，不能代表某公司对外签订担保合同；某公司印章属私刻印章，涉案当事人已被公安机关立案；借款金额为600万元证据不充分。某公司不应承担担保责任。遂于2018年11月14日向郑州市人民检察院申请监督，该院予以受理审查。

围绕苏某某身份及代理权限、借款金额以及某公司印章问题，检察机关依法调阅原审案卷，听取了双方当事人意见，并向公安机关核实了私刻某公司印章刑事案件的进展情况。

监督意见 郑州市人民检察院就本案向河南省人民检察院提请抗诉。河南省人民检察院于2019年11月12日向河南省高级人民法院提出抗诉。抗诉理由：首先，公司为他人提供担保，依照公司章程，由董事会或者股东会、股东大会决议。李某作为出借人，要求某公司为卢某某的债务提供担保，应当充分尽到核实和审慎义务，严格审查担保行为是否为某公司的真实意思表示，李某未能提供证据证明其在订立合同时对某公司董事会决议或股东会决议进行了审查。其次，表见代理不仅要求代理人的无权代理行为在客观上形成具有代理权的表象，而且要求相对人在主观上善意且无过失地相信行为人有代理权。本案中，苏某某不是某公司的工作人员，更不是某公司法定代表人或公司股东。李某未提供证据证明某公司授权苏某某代表公司签字。苏某某在其他案件中曾以某公司的代理人身份处理过公司事务，但不足以使他人合理信任苏某某在该借款合同中有权代表某公司决定对外担保。李某作为出借人，对苏某某的身份及代理权限未尽到核实和审慎义务，明显不属于善意且无过失。因此，苏某某代表某公司签字担保的行为不能构成表见代理。最后，苏某某的行为系为某公司设置担保义务，卢某某向李某借款是为了向某公司支付保证金，某公司再为卢某某由此而发生的借款进行担保，明显不符合常理。因此终审判决认定苏某某构成表见代理，并由此判决某公司承担担保责任属于认定事实和适用法律错误。

监督结果 2020年5月22日，河南省高级人民法院作出民事判决，认为李某作为出借人，未尽到核实和审慎义务，明显不属于善意且无过失。从卢某某借款的流向看，卢某某将390万元借款均转给了刁某某和苏某某，并未转到某公司账户，之后也是刁某某、苏某某将部分款项退还，某公司并未退款。因此，本案的借款担保关系实际上发生在李某、卢某某、苏某某之间。综上，某公司不是案涉借款合同的保证人，不应承担担保责任。判决撤销一审、二审有关某公司承担担保责任的判项。

典型意义

1. 准确认定公司为他人提供担保的合同效力。公司为他人提供担保，涉及公司股东和其他债权人的重大利益，因此，许多国家和地区的立法对公司为他人提供担保作出了限制。我国《公司法》第 16 条规定了公司对外担保的前置程序，即公司为他人提供担保，依照公司章程的规定，由董事会或者股东会、股东大会决议。但是，对公司法定代表人或者其他人员违反法定程序为他人提供担保的合同效力问题，公司法等相关法律并未明确规定。2019 年最高人民法院出台的《全国法院民商事审判工作会议纪要》和 2020 年发布的《最高人民法院关于适用〈中华人民共和国民法典〉有关担保制度的解释》（以下简称《担保解释》）对上述问题进行了明确，《担保解释》第 7 条明确了法定代表人违反公司法关于公司对外担保决议程序的规定，超越权限代表公司与相对人订立担保合同，人民法院依照《民法典》第 61 条和第 504 条等规定处理：相对人善意的，担保合同对公司发生效力，相对人非善意的，担保合同对公司不发生效力。善意，是指相对人在订立担保合同时不知道且不应当知道法定代表人超越权限。相对人有证据证明已对公司决议进行了合理审查，人民法院应当认定其构成善意。

2. 在公司为他人提供担保案件中，越权代表和无权代理中的相对人善意标准并不相同。法定代表人对内处于公司管理核心的地位，对外代表公司。法定代表人以公司名义对外实施行为是公司的行为，应当适用代表规则。法定代表人违反公司法关于公司对外担保决议程序的规定与相对人订立担保合同，构成越权代表。原《合同法》第56条（现为《民法典》第504条）规定："法人的法定代表人或者非法人组织的负责人超越权限订立的合同，除相对人知道或者应当知道其超越权限外，该代表行为有效，订立的合同对法人或者非法人组织发生效力。"可知法定代表人代表公司订立担保合同，相对人对公司决议尽到合理的审查义务，即构成善意，合同对公司发生效力。本案中的非法定代表人未经授权代表公司订立担保合同，构成无权代理，应当适用代理规则。原《民法总则》第172条（现为《民法典》第172条）规定："行为人没有代理权、超越代理权或者代理权终止后，仍然实施代理行为，相对人有理由相信行为人有代理权的，代理行为有效。"可知无代理权的行为人以公司名义与相对人订立担保合同，相对人不仅应对公司决议尽到合理审查义务，还应对行为人的身份证明、代理权外观诸如合同书、公章、印鉴等尽到审查义务。只有在相对人善意且无过失的情形下，该担保合同才能对公司发生效力。因此，二者的善意标准并不相同。

3. 积极发挥监督职能，护航民营企业健康发展。非公经济是社会主义市场经济的重要组成部分，服务保障民营企业高质量发展，既是检察机关服务大局的政治责任，也是民事检察的职责所在。本案中债务人卢某某已无偿债能力，某公司被原审法院判决承担连带保证责任，公司账户被冻结，企业经营陷入困境。检察机关在办案中依法全面审查，正确理解和适用法律，通过抗诉，再审予以改判，免除了某公司562万元的连带清偿责任，依法维护了民营企业的合法权益，为护航民营企业健康发展提供了有力司法保障。

（河南省人民检察院　武晓新）

相关规定

1.《中华人民共和国民法总则》第一百七十二条（现为《中华人民共和国民法典》第一百七十二条）

2.《中华人民共和国合同法》第五十条（现为《中华人民共和国民法典》第五百零四条）

3.《中华人民共和国公司法》第十六条

4.《最高人民法院关于适用〈中华人民共和国民法典〉有关担保制度的解释》第七条

11. 买受人对标的物质量有异议的如何处理

——乐山市某建材有限公司与乐山某营销有限公司、某蔬菜市场买卖合同纠纷案

关键词

抗诉　民营经济　调查核实　标的物瑕疵　异议期限

要旨

买卖合同中，对于标的物质量异议的认定应当依据合同约定，没有约定或约定不明确的，应当适用《中华人民共和国民法典》第620条、第621条的规定。对标的物存在瑕疵，或是实际交付与约定的标的物非关键指标不一致，并不当然认定为标的物存在质量问题。检察机关在办理民事监督案件中，既要立足“案结”，充分听取双方当事人意见，准确把握争议焦点，通过开展必要的调查核实查清事实，提出监督意见，也要着眼“事了人和”，积极协调推动矛盾纠纷实质化解，护航民营企业发展。

基本案情

2011年6月1日，乐山市某建材有限公司（以下简称某建材公司）与乐山某营销有限公司（以下简称某营销公司）、某蔬

菜市场（系某营销公司分公司）签订《预拌（商品）混凝土购销合同》，约定由某建材公司向某蔬菜市场会展中心建设项目提供标号为C30的预拌混凝土。2011年6月7日至2012年2月29日，某建材公司向某蔬菜市场提供预拌混凝土，经检测，随机抽样制作试件混凝土强度超过C45标准（混凝土标号越高，强度越大，成本越高，同时延性和塑性就越差；高强度混凝土养护不到位易导致开裂），金额共计2798690元。其间，某蔬菜市场未就混凝土质量问题提出异议。履行付款期限届满后，某蔬菜市场仍差欠某建材公司货款698690元。某蔬菜市场会展中心建设项目主体工程于2012年下半年完工，至2018年6月22日检察机关受理案件时，仍未竣工验收投入使用。

2016年9月27日，某建材公司起诉至四川省乐山市市中区人民法院，要求某营销公司及某蔬菜市场给付货款698690元及违约金139934.5元。

2017年8月21日，四川省乐山市市中区人民法院一审判决某营销公司、某蔬菜市场支付货款698690元及违约金139934.5元。某营销公司及某蔬菜市场不服一审判决，向四川省乐山市中级人民法院提起上诉。

2017年12月5日，四川省乐山市中级人民法院二审认为，某建材公司提供的部分混凝土强度超过C45标准，不符合合同约定的C30强度标准，虽然C45强度高于C30，但未及时配合某蔬菜市场采取补救措施，导致案涉工程未完成验收构成违约，判决撤销一审判决，驳回某建材公司诉讼请求。某建材公司不服生效判决，向四川省高级人民法院申请再审被裁定驳回。

检察机关监督情况

审查过程 2018年6月22日，某建材公司向四川省乐山市人民检察院申请监督。受理后，围绕某建材公司提供的预拌混凝土是否满足设计要求、是否影响工程验收的问题，检察机关依法调阅原审卷宗，向基础工程质量检测单位乐山市城市建设工程质量检测测试有限公司、行政主管单位乐山市建设工程质量安全监督站核实，并对本案关键证人进行询问。查明：乐山市建设工程质量检测中心副总经理阎某及乐山市建设工程质量安全监督站副站长龙某峰均证实，根据乐山市建设工程质量检测中心2011年7月20日至7月22日出具的某蔬菜批发市场会展中心用房一期工程《基础工程混凝土立方体试件抗压强度检测报告》显示，该工程基础砼强度平均值均大于C30，此检测结果并不能证明某建材公司提供的混凝土质量不合格。乐山市建设工程质量安全监督站按规定要求进行实体回弹，其用意是为排除对送检试块真实性的怀疑。乐山市建设工程质量安全监督站召集通贸公司、某商贸公司及施工、监理单位等，就某蔬菜市场项目混凝土强度不符合设计要求问题进行研究讨论，形成了《会议纪要》。《会议纪要》中就某蔬菜市场会展中心用房一期工程挖孔桩部位混凝土抗压强度等级超过设计要求三个等级的问题，由该工程现场见证人员对混凝土试块代表性、真实性问题，出具情况说明，说明试块的真实性后按验收程序组织验收，基本解决了相关验收问题。

监督意见 2018年12月17日，四川省人民检察院依法向四川省高级人民法院提出抗诉。理由为：（1）相关证据可以证实某建材公司提供的预拌混凝土满足设计要求，不影响桩基础工程和竣工验收，工程无法验收不是某建材公司提供的预拌混凝土存在质量问题，而是某营销公司未缴纳基础工程质量检测费无法得到检测单位盖章所致。终审法院认定是某建材公司的原因导致合同目的不能实现与查明事实不符。（2）某营销公司未按照合同约定且在标的物交付后两年的最长合理期限内未主张标的物质量问题，在诉讼中再行主张，按照法律规定不应当支持。因此，按照购销合同的约定，某营销公司和某蔬菜市场支付货款的条件早已成就，其抗辩不应支付货款的理由不能成立。终审判决认定某建材公司提供预拌混凝土存在质量问题，导致工程无法验收构成违约，属于认定基本事实缺乏证据证明和适用法律错误。

监督结果 2019 年 2 月 13 日，四川省高级人民法院指令四川省乐山市中级人民法院再审。2019 年 7 月 2 日，四川省乐山市中级人民法院作出再审判决，采纳抗诉意见，撤销原生效裁判，判决某营销公司、某蔬菜市场向某建材公司支付货款 698690 元及违约金 139934.5 元。

典型意义

1. 严格适用标的物瑕疵异议规定，依法保护正常的交易秩序。在买卖合同中，买受人应当严格按照合同约定时间，或者在没有约定的情况下按照原《合同法》第 157 条、第 158 条（现为《民法典》第 620 条、第 621 条）的规定对标的物进行检验，并及时告知出卖人。买受人怠于通知的，视为标的物的数量或者质量符合约定。当事人没有约定检验期限的，买受人应当在发现或者应当发现标的物数量或者质量不符合约定的合理期限内通知出卖人。买受人在合理期限内未通知或者收到标的物之日起两年内未通知出卖人的，视为标的物数量或者质量符合约定。《最高人民法院关于审理买卖合同纠纷案件适用法律问题的解释》第14条规定，《民法典》第621条规定的检验期限、合理期限、两年期限经过后，买受人主张标的物的数量或者质量不符合约定的，人民法院不予支持。本案中，买受人未按合同约定且在标的物交付后两年的最长合理期限内未主张标的物质量问题，不应当支持其对标的物瑕疵的主张。这一规定既是对买受人及时履行自己的义务的约束，也为出卖人提供了更加信赖稳定的交易环境。

2. 严格遵循平等保护原则，依法履行监督职责为民营经济发展营造公平公正法治环境。检察机关在办理涉及民营企业民事检察案件中，既要注意尊重合同自由，遵守合同约定，维护诚实信用原则，也要强化平等保护，注重案件的全面审查，保护当事人的合法利益，着力维护公平公正的市场经济秩序。乐山市检察机关通过建立企业联系点、与工商联会签《关于服务保障民营经济健康发展的实施意见》等规范性文件，多措并举保护民营经济合法权益，着力维护公平公正的市场秩序。本案中，出卖人的争议点在于提供了更优质的产品却被认为质量不合格，无法获取货款；购买人的争议点在于收到的供货不符合设计标准，导致工程无法验收。在充分把握当事人双方争议焦点后，检察机关履行法律监督职责，依法调查核实，厘清疑点难点，通过抗诉的方式，监督纠正人民法院确有错误的判决，保护民营企业的合法权利，维护司法公平公正，为民营企业健康发展提供了有力的司法保障。

（四川省乐山市人民检察院　林开阳、程龙）

相关规定

《中华人民共和国合同法》第一百五十七条、第一百五十八条（现为《中华人民共和国民法典》第六百二十条、第六百二十一条）

12. “借照经营”期间的买卖合同主体如何认定

——某医药公司买卖合同纠纷案

关键词

抗诉　买卖合同主体　代理　执业许可证　欠款单证明力

要旨

民事主体将执业许可证、财务印章、发票、医疗处方等交付行为人使用的，可以推定其具有授权行为人的意思表示。行为人以该民事主体名义从事民事活动的法律后果应由该民事主体承担。买卖合同当事人对账形成的欠款单证明力大于单方的送货单、出库记录的证明力，在两者不一致的情形下，应以欠款单作为确定债权的依据。检察机关在办案过程中，要注重保护民营企业的信赖利益，维护正常的市场经济秩序。

基本案情

天津某医药发展有限公司（以下简称某医药公司）自2004年向天津开发区某医院（以下简称某医院）供应药品，双方一直未签订书面合同。2010年5月20日，某医院与天津某医疗投资管理有限公司（以下简称某医疗投资公司）签订《共同管理合同书》，约定某医院与某医疗投资公司共同经营管理某医院，某医院将财务章、执业许可证、发票、医疗处方等相关物品交给某医疗投资公司使用，由某医疗投资公司根据医疗经营许可证的经营范围开展相关业务，某医院不参与医院任何的具体经营管理活动。上述合同签订后，医院由某医疗投资公司进行实际经营管理。2012 年 2 月 26 日，双方解除合同。

某医疗投资公司经营期间仍从某医药公司处采购药品。涉及货款构成一节，某医药公司出示欠款单载有以下内容“某医药发展有限公司欠款单，2011 年 10 月 31 日。欠款单位：天津开发区某医院。欠款金额：898197.42 元（人民币捌拾玖万捌仟壹佰玖拾柒元肆角贰分）。”还款日期空白。该欠款单加盖“天津开发区某医院”公章。某医疗投资公司曾于 2012 年 7 月 20 日出具说明，证实某医院尚欠某医药公司药款 898197.42 元未给付。

某医药公司药品出库记录载明，2010 年 6 月 26 日至 2010 年 9 月 29 日间，该公司未向某医院供应药品；2010 年 9 月 30 日至 2011 年 11 月 21 日间，该公司向某医院供应药品总值仅为 127117 元。另，某医药公司提交的记载“销往单位天津开发区某医院”送货单（540 张）中，没有一张单据编号与某医药公司药品出库记录存留的单据编号相符。

2012 年 4 月 18 日，某医药公司起诉至天津市滨海新区人民法院，请求判令某医院支付某医药公司 2010 年 6 月 26 日至 2011 年 10 月 31 日期间欠付的货款 898197.42 元。

天津市滨海新区人民法院于 2014 年 9 月 19 日作出一审判决。该院认为，某医药公司对于 2010 年 6 月至 2011 年 10 月期间，某医院由某医疗投资公司实际经营，药品采购系基于某医疗投资公司指令一节，当属明知，相应买卖合同的相对方应界定为某医疗投资公司，而非某医院。根据《合同法》第402条，故应由某医疗投资公司直接承担买卖合同项下的付款责任。判决：驳回某医药公司的诉讼请求。

某医药公司对一审判决不服，向天津市第二中级人民法院提起上诉。天津市第二中级人民法院于2014年12月30日作出二审判决：驳回上诉，维持原判。

某医药公司不服二审判决，向天津市高级人民法院申请再审。天津高级人民法院于2015年12月30日作出（2015）津高民申字第0788号民事裁定，驳回某医药公司的再审申请。

检察机关监督情况

审查情况 2016年，某医药公司不服生效判决，向天津人民检察院第二分院申请监督，该院提请天津市人民检察院抗诉。通过调阅一审、二审卷宗材料，会见双方当事人，天津市人民检察院认为本案关键在于2010年6月26日至2011年10月31日期间购买药品的合同主体是某医院还是某医疗投资公司，某医药公司提交的欠款898197.42元的某医院欠款单是否真实有效。经检察机关调查核实，查明以下事实：（1）某医药公司与某医院的药品买卖不规范，双方从2004年开始就一直存在事实上的药品买卖关系，但没有签订任何书面的合同，由某医药公司业务员董某山供药，某医院收药并付款。某医药公司内部所记载的某医院欠款额正是董某山所申报的898197.42元，某医疗投资公司也认可这一数额。（2）某医院的公章系由副院长潘某保管，其是某医院一方具体掌管公章的负责人，涉案欠款单上某医院的公章也是由其所盖。潘某在庭审中主张其盖章行为系基于对某医疗投资公司的信任受其欺骗所为，但并没有提供其他证据予以证实。

监督意见 2017年3月23日，天津市人民检察院向天津市高级人民法院提出抗诉，理由为：

1. 生效判决认定由某医疗投资公司直接承担买卖合同项下的付款责任，属适用法律确有错误。在《共同管理合同书》履行期间，某医院是对外法律关系的主体，应当对某医药公司承担药款的给付责任。本案中，在某医院与某医疗投资公司共同管理期间，对外经营仍是以某医院名义在原有场所进行，某医院是双方合作期间对外法律关系的主体。就与某医药公司的药品买卖而言，由于需要特殊资质，只能以具有资质的某医院名义进行，不能以不具有资质的某医疗投资公司名义进行，某医疗投资公司系以某医院名义向某医药公司购买药品，应由某医院对外承担付款责任。基于合同的相对性，某医院和某医疗投资公司的《共同管理合同书》虽对共同管理期间的债权债务承担作了约定，但该内部约定对某医药公司不具有约束力，某医药公司可以依法要求药品买卖合同的相对方某医院承担给付货款的责任。

某医疗投资公司系以某医院名义与某医药公司签订药品买卖合同，不属于原《合同法》第402条（现为《民法典》第925条）所规范的间接委托的情形。《合同法》第402条规定："受托人以自己的名义，在委托人的授权范围内与第三人订立的合同，第三人在订立合同时知道受托人与委托人之间的代理关系的，该合同直接约束委托人和第三人，但有确切证据证明该合同只约束受托人和第三人的除外。"该条款规范的是受托人以自己名义与第三人签订合同的行为。本案中，如果将某医疗投资公司以某医院名义对外经营视为某医院的委托授权，由于某医院是向某医药公司购药的主体，那么受托人某医疗投资公司系以委托人某医院名义购药，而非以受托人自己名义向某医药公司购药。委托人某医院作为合同当事人，应当承担给付货款的义务，而不是由某医疗投资公司承担付款责任。

2. 生效判决认为某医药公司不能证明涉案欠款单数额的真实性，属于认定案件的基本事实缺乏证据证明。在涉案欠款单上盖有某医院的公章，某医院在涉案欠款单盖章的行为表明其对欠款数额的真实性进行了确认。根据某医药公司与某医院的《共同管理合同书》，某医院的公章由某医院保管，合同履行过程中该公章由某医院副院长潘某保管，而涉案欠款单上某医院的公章也是由其所盖。在某医院未能对在涉案欠款单盖章的行为作出合理解释的情况下，应当视其盖章行为是真实意思表示，某医院对涉案欠款单上载明的欠款数额的真实性进行了确认。

涉案欠款单具有证据上的优势。某医药公司与某医院的药品买卖不规范，双方从 2004 年开始就一直存在事实上的药品买卖关系，但没有签订任何书面的合同，由某医药公司业务员董某山供药，某医院收药并付款。某医药公司内部所记载的某医院欠款额正是董某山所申报的 898197.42 元。关于某医药公司的出库记录，其仅能证明从某医药公司发出的药品数量，并不能证明某医院所实际收到的药品数量。基于双方事实上的药品买卖关系，应当以涉案欠款单和送货单作为确定具体供货数额的依据。涉案欠款单上的数额与送货单能够对应，而且得到了某医疗投资公司的认可，已经基本形成了完整的证据链，具有优势，能够证明涉案欠款单上数额的真实性。

监督结果　2018 年 12 月 27 日，天津市高级人民法院作出再审判决：撤销一审、二审判决；某医院给付某医药公司货款898197.42元。

典型意义

1. 在社会经济交往中，民事主体既可以自己独立从事民事活动，也可以委托他人代为从事民事活动，这种单方授权行为被称为代理。代理可以分为直接代理和间接代理，直接代理又可分为显名代理和隐名代理。代理授权采用书面形式的，双方之间的法律关系明确，不宜产生歧义。但对于没有签订书面授权委托书的，当事人之间的法律关系则容易产生争议。为了维护国家安全、社会公共安全和社会管理秩序，法律规定了某些行业必须经过许可才可经营。比如，烟草专卖许可证、药品经营许可证、危险化学品经营许可证等。本案中，根据日常生活经验法则，可以推定某医院具有授权某医疗投资公司以自己名义从事民事活动的意思表示，双方之间存在直接代理关系，而非间接代理关系。某医疗投资公司的行为属于有权代理，而非无权代理，更非表见代理。某医疗投资公司以某医院名义订立合同的法律后果应由某医院承担。

2. 买卖合同当事人对账形成的欠款单的证明力大于单方制作的送货单、出库记录的证明力。检察机关在办理买卖合同纠纷案件时，要准确把握证据的证明力。没有书面买卖合同的，需要综合考虑当事人提供的各种证据的证明力大小，确定当事人之间的债权数额。《最高人民法院关于审理买卖合同纠纷案件适用法律问题的解释》第1条规定，当事人之间没有书面合同，一方以送货单、收货单、结算单、发票等主张存在买卖合同关系的，人民法院应当结合当事人之间的交易方式、交易习惯以及其他相关证据，对买卖合同是否成立作出认定。对账确认函、债权确认书等函件、凭证没有记载债权人名称，买卖合同当事人一方以此证明存在买卖合同关系的，人民法院应予支持，但有相反证据足以推翻的除外。根据该规定，对账形成的欠款单是债务人向债权人出具的认可双方之间存在买卖合同关系并承诺给付货款的债权凭证，债权人据此可以直接证明买卖合同关系成立并有权要求债务人给付相应的货款。债务人若否认的，则需提供证据对此予以证明。欠款单经过双方确认，其证明力大于出卖人单方的送货单、出库记录，在两者不一致的情形下，应以欠款单作为确定双方权利义务的依据。

3. 保护民营企业的信赖利益，维护正常的市场经济秩序。在买卖合同履行期间，一方当事人可能由于各种因素发生名实不符的情形。如本案所涉的借照经营情形在实践中就颇为常见，某医院和某医疗投资公司名为共同管理，实为某医疗投资公司获得某医院授权后，借用其医疗机构执业许可证对外经营。某医药公司与某医院虽未签订书面的药品买卖合同，但一直存在事实上的继续性药品买卖关系。实际经营人在借照经营期间以出借执照人的名义实施买受行为的，当买卖合同标的与借照经营内容的关联性较大，如本案所涉的药品是医疗机构经营的必备物资，且出卖人与出借执照人存在继续性买卖合同关系的，为保护交易安全，控制交易风险，应以出借执照人作为买卖合同的当事人。这对于保护买卖合同的相对方，特别是民营企业的信赖利益，保障其合法债权得以实现，维护正常的市场经济秩序，具有重要意义。

（天津市人民检察院　匡俊）

相关规定

1.《中华人民共和国合同法》第四百零二条（现为《中华人民共和国民法典》第九百二十五条）

2.《最高人民法院关于审理买卖合同纠纷案件适用法律问题的解释》第一条

13. 伪造的证据如何排除

——延安乙工贸有限公司买卖合同纠纷案

关键词

抗诉　第三方证据真实性　调查核实　市场贬值损失

要旨

当案件事实的认定需要依据当事人与第三方之间形成的证据时，检察机关应当积极履行调查核实职责，查明证据真伪与待证事实的关系，精准适用监督事由。同时，对于涉民营企业的案件，既要监督教育违法企业依法诚信经营，又要最大限度保护合规企业正当权益，护航民营经济健康发展。

基本案情

2014 年 6 月 11 日，宝鸡甲石油机械设备有限公司（以下简称甲石油公司）与延安乙工贸有限公司（以下简称乙工贸公司）签订一份合同，约定乙工贸公司从甲石油公司订购 50 型石油钻机底座、井架、天车和移动滑道等设备，总价款 198 万元，加上此前购买钻机还应支付的 30 万元，乙工贸公司共需向甲石油公司支付 228 万元。同时约定，合同签订当日乙工贸公司支付 50

万元，剩余款项178万元在合同签订当日由乙工贸公司开具现金支票给甲石油公司，交货地点为甲石油公司工厂。合同还对所有权转移及风险责任承担等事项作出约定。合同签订后，乙工贸公司仅支付50万元，对剩余款项178万元未按约定支付。

2015年5月5日，甲石油公司起诉至陕西省宝鸡市渭滨区人民法院，请求判令：乙工贸公司支付货款178万元及拖欠期间产生的利息损失101825.75元（2014年9月11日起暂且算至2015年4月30日）；承担逾期提货造成的保管仓储费用152777.77元，合计2034603.52元。

2015年10月19日，陕西省宝鸡市渭滨区人民法院作出一审判决。该院一审认为，甲石油公司与乙工贸公司签订的合同合法有效。合同签订后，甲石油公司完成了合同约定的设备加工制造，并通知乙工贸公司提货。乙工贸公司拒绝受领货物的行为违反了我国《合同法》关于当事人应当按照约定全面履行自己义务的规定，应承担民事责任。依据我国《合同法》第94条第3项关于当事人一方迟延履行主要债务，经催告后在合理期限内仍未履行，当事人可以解除合同的规定，甲石油公司要求解除与乙工贸公司2014年6月11日签订的合同的请求符合法律规定，予以支持。关于甲石油公司请求乙工贸公司赔偿损失及仓储费用的诉请，由于甲石油公司未举证证实其损失情况，对此应承担举证不能的责任。判决：解除甲石油公司与乙工贸公司于2014年6月11日签订的合同；驳回甲石油公司的其他诉讼请求。

甲石油公司不服一审判决，提起上诉。

2016年8月7日，陕西省宝鸡市中级人民法院以认定事实不清为由作出民事裁定。裁定撤销原判，发回重审。

2017年6月1日，陕西省宝鸡市渭滨区人民法院作出重审判决。该院重审认为，乙工贸公司拒不提货的行为给甲石油公司造成了较大经济损失，依法应予赔偿。甲石油公司在诉讼过程中将案涉石油钻机设备向第三方进行处理，避免损失进一步扩大，将合同价值约177万元的设备以86万元转卖第三人进行处理，其承受的经济损失应为91万元（177万－86万），对此应予以确认。同时，因乙工贸公司拒不提货，致使设备在甲石油公司厂房放置长达491天，影响了甲石油公司对厂房的使用，故对甲石油公司要求支付仓储费用的请求，依法予以支持。综上，认定甲石油公司总损失为1062777.77元，扣除乙工贸公司已支付的20万元，乙工贸公司应赔偿甲石油公司各项损失862777.77元。遂判决：解除甲石油公司与乙工贸公司于2014年6月11日签订的合同；延安乙工贸公司赔偿甲石油公司经济损失862777.77元；驳回甲石油公司其他诉讼请求。

乙工贸公司不服生效判决，申请再审。

2018年6月12日，陕西省宝鸡市中级人民法院作出民事裁定，驳回延安乙工贸有限公司再审申请。

检察机关监督情况

审查过程 乙工贸公司不服生效判决，申请监督，陕西省宝鸡市渭滨区人民检察院依法受理。该院认为，生效判决仅依据甲石油公司与延安丙石油工程技术服务有限公司签订的合同认定甲石油公司损失所依据的事实，缺乏证据证明，遂提请陕西省宝鸡市人民检察院抗诉。

陕西省宝鸡市人民检察院审查后，通过调阅一审卷宗材料，会见当事人，认为生效判决在无其他证据佐证涉案设备转售事实真实存在的情况下，仅凭借甲石油公司提供的其与案外人延安丙石油工程技术服务有限公司所签合同认定甲石油公司损失的事实，显属认定案件基本事实缺乏证据证明，本案需要对其与案外人签订合同的真实性以及合同交易情况进行调查核实。

经依法询问证人，调取案外人公司印模，调取案外人公司印章登记记录，查明：案外人延安丙石油工程技术服务有限公司无下属子公司或者分支公司；2015 年至 2016 年前后，该公司与甲石油公司之间未发生涉案 50 型钻机设备买卖交易，亦未签订合同；该份合同中的法定代表人栏“谢某亮”签名非谢某本人所签，加盖的“延安丙石油工程技术服务有限公司”印章非该公司真实印章；延安丙石油工程技术服务有限公司无名为“高某兴”工作人员；延安丙石油工程技术服务有限公司印章启用于 2013 年 2 月 19 日，印章防伪编码 6106020006079。

监督意见　2019 年 8 月 20 日，陕西省宝鸡市人民检察院向宝鸡市中级人民法院提出抗诉。理由如下：

终审判决认定甲石油公司市场贬值损失的证据系伪造。本案中，甲石油公司提供其与案外第三方延安丙石油工程技术服务有限公司签订的合同及出库单据主张市场贬值损失，法院据此认定甲石油公司产生市场贬值损失 91 万元。现经检察机关依法调查核实，案外第三方延安丙石油工程技术服务有限公司与甲石油公司之间不存在涉案 50 型钻机设备买卖，双方亦未签订 2016 年 5 月 20 日的合同，该合同中法定代表人栏“谢某亮”的签名系伪造，且该合同签订日期明显晚于延安丙石油工程技术服务有限公司印章实际启用日期，其上加盖的“延安丙石油工程技术服务有限公司”印章与备案印章不符。综合案外人证言、本院提取的延安丙石油工程技术服务有限公司印模以及延安市印章制作服务中心印章登记情况等证据，足以认定甲石油公司提供的其与案外第三方延安丙石油工程技术服务有限公司签订的合同系伪造。故终审判决依据甲石油公司伪造的证据认定其市场贬值损失显属不当。

监督结果 陕西省宝鸡市渭滨区人民法院再审该案时，全部采纳检察机关监督意见，甲石油公司亦当庭认可检察机关调查结果，承认提供的案涉证据是伪造的。再审期间，乙工贸公司与甲石油公司达成调解。

2020 年 8 月 13 日，陕西省宝鸡市渭滨区人民法院作出（2020）陕 0302 民再字 3 号民事调解书。主要内容：（1）乙工贸公司与甲石油公司双方确认于 2014 年 6 月 11 日签订的 50 型石油钻机设备合同解除；（2）乙工贸公司与甲石油公司在协议签署后共同前往渭滨区人民法院执行局，配合协助人民法院办理退回已执行款 1022262.06 元；（3）乙工贸公司自愿永久放弃鉴于条款第 3 项中关于甲石油公司与案外人延安丙石油工程技术服务有限公司签订合同的法律责任；（4）协议签订后双方就 2014 年 6 月 11 日签订的 50 型石油钻机设备合同再无任何争议。

典型意义

1. 对于影响案件事实认定的第三方证据，检察机关可主动就真实性进行必要审查。司法实践中，当一方当事人为谋取不当利益，通过向法庭提供伪造或者变造的与案外人相关的第三方证据来佐证其诉讼主张时，作为对方当事人，难以找到反驳的证据，且没有归属于因客观原因不能自行收集证据以及人民法院依职权调查收集证据的情形下，即便案涉证据是伪造的，仍然应依据现行证据裁判规则，承担相应的举证不能风险。这样的生效裁判不仅侵害了另一方当事人的合法权益，损害了司法权威，也间接放任了伪造、变造证据等不法行为的发生，破坏了社会诚信体系建设。检察机关在办理此类案件中，可依法对当事人在诉讼中提供的影响案件事实认定的第三方证据的真实性进行必要审查。

2. 对于监督事由的选择与适用，检察机关应当把精准监督理念贯穿办案全过程。精准监督是新时代人民群众对检察机关的新期待、新要求，也是做强民事检察工作的关键。精准监督不仅体现在监督对象、方式、范围、过程等方面，还体现在监督事由的选择适用上。当案件中同时出现《民事诉讼法》第 207 条第 2 项、第 3 项规定的情形时，检察机关应当对案件的事实和证据进行全面审查，精准选择抗点，不能简单以认定案件基本事实缺乏证据证明为由启动抗诉程序。本案办理期间，检察机关在案件已经具备法定监督事由的情况下，综合甲石油公司在原审因无证据证明损失被人民法院驳回诉请的事实和案件现有证据的证明效力，依职权对该公司与案外人签订的合同以及交易真实性进行必要的调查核实，查明了其伪造证据等事实，并以认定案件事实的主要证据系伪造为监督事由，依法向人民法院提出抗诉。

（陕西省宝鸡市人民检察院　姚亚婷）

相关规定

1.《中华人民共和国合同法》第九十四条第三项（现为《中华人民共和国民法典》第五百六十三条第三项）

2.《中华人民共和国民事诉讼法》第六十七条、第二百零七条第二项、第三项

14. 企业工商登记投资人与实际投资人不一致时相关责任如何承担

——胡某某确认劳动关系、工伤保险待遇纠纷等系列裁判结果监督案

关键词

抗诉　冒名诉讼　劳动关系

要旨

企业工商登记的经营者信息与实际不一致的，实际经营者为民事责任承担主体。找准系列案件的关联点，依法进行调查核实，全面查明系列案件的基本事实。注重劳动者权益保护与企业发展之间的利益平衡，既要维护劳动者合法权益，又要保障企业健康发展。

基本案情

重庆市云阳县某煤场于1994年11月28日设立，系个人独资企业，登记注册的负责人为胡某某。谢某某系某煤场招用的采煤工，工资实行计件制，双方没有订立书面劳动合同。2010年

12 月，某煤场未再给谢某某安排工作。谢某某于 2011 年 11 月 30 日向云阳县劳动人事争议仲裁委员会申请仲裁，请求确认某煤场、谢某某之间具有劳动关系（2008 年 1 月 1 日至双方没有依法终止劳动关系时止）。云阳县劳动人事争议仲裁委员会审理后作出仲裁裁决，认定某煤场、谢某某从建立劳动关系时起至双方没有依法终止劳动关系前具有劳动关系。2012 年 2 月 21 日，某煤场不服仲裁裁决起诉至重庆市云阳县人民法院，请求依法判决其与谢某某之间不具有劳动关系。

2012 年 5 月 15 日，重庆市云阳县人民法院作出一审判决。该院认为，根据《劳动合同法》第 7 条的规定，用人单位自用工之日起即与劳动者建立劳动关系。某煤场系个人独资企业，依法具有用工主体资格，谢某某系某煤场招用的工人属实，虽双方没有签订书面劳动合同，但谢某某提供的证人证言足以证明谢某某在某煤场处做采煤工，审理中某煤场没有提供相反的证据予以辩驳。综上，某煤场、谢某某之间建立了劳动关系。判决：某煤场与谢某某之间具有劳动关系。某煤场不服一审判决，提起上诉。

2012 年 12 月 11 日，重庆市第二中级人民法院作出二审判决。该院二审认为，根据二审出现的新证据和二审查明的新的事实，谢某某确实曾经在某煤场工作。虽然对谢某某在某煤场工作的起始时间说法不一致，但谢某某申请仲裁时主张 2008 年 1 月 1 日起双方具有劳动关系，而两名证人均证明此时谢某某确实在某煤场工作，某煤场又无法确定谢某某在某煤场工作的具体起始时间，故可将 2008 年 1 月 1 日作为双方建立事实劳动关系的起始时间。对于谢某某离开某煤场的时间双方当事人及 2 名证人说法是一致的，故应当认定 2011 年 1 月 18 日后谢某某离开某煤场，双方的事实劳动关系于此后自然终止。综上，一审判决确认某煤场与谢某某具有劳动关系是正确的，但对双方事实劳动关系的起止时间未作认定。根据二审出现的新证据和二审查明的新的事实，判决变更一审判决为：由胡某某投资的某煤场与谢某某自2008年1月1日起至2011年1月18日止具有劳动关系。

2013年9月9日，胡某某起诉至重庆市云阳县人民法院，请求撤销云阳县人力资源和社会保障局作出的云人社伤险决字〔2013〕255号认定工伤决定书。2013年12月4日，重庆市云阳县人民法院作出一审行政判决：驳回胡某某的诉讼请求。胡某某不服该一审判决，提起上诉。

2014年2月17日，重庆市第二中级人民法院作出二审行政判决：驳回上诉，维持原判。

2014年4月24日，谢某某起诉至重庆市云阳县人民法院，请求依法判决：(1)与胡某某终止劳动关系和工伤关系；(2)胡某某支付谢某某一次性伤残补偿金、一次性医疗补助金、一次性伤残津贴、停工留薪期待遇、鉴定检查费、交通住宿费等工伤保险待遇共计532866元。

2014年11月10日，重庆市云阳县人民法院作出一审判决。该院认为，因工作遭遇事故伤害的职工有获得医疗救治和经济补偿的权利。胡某某应对谢某某的工伤承担赔偿责任。因谢某某与胡某某投资的煤厂之间的事实劳动关系于2011年1月18日之后已终止，而谢某某、胡某某未提供证据证明谢某某本人工资的数额，故按照双方劳动关系终止之日上年度月平均工资2944元/月进行计算。遂判决：(1)胡某某在本判决生效后三日内支付谢某某伤残津贴、一次性伤残补偿金、一次性工伤医疗补助金、停工留薪期待遇、鉴定检查费、住宿费、交通费等合计498069元；

(2) 驳回谢某某其他诉讼请求。胡某某不服一审判决，提起上诉。

2015年1月30日，重庆市第二中级人民法院作出二审判决：驳回上诉，维持原判。胡某某不服二审判决，向重庆市高级人民法院申请再审，重庆市高级人民法院于2015年9月30日作出民事裁定，指令重庆市第二中级人民法院再审本案。

2016年4月14日，重庆市第二中级人民法院作出再审民事判决：维持该案二审民事判决。

检察机关监督情况

审查过程 胡某某不服上述三案的生效判决向检察机关申请监督，称其本人并未参与以上三案的一审、二审诉讼过程，该案一审、二审、再审均系某煤场的实际最后经营者伍某清和伍某友冒用胡某某的名义诉讼、冒用胡某某的名义请律师王君代理的一审、二审所有诉讼行为。检察机关依法受理后，通过调阅原审卷宗材料、会见双方当事人，并从云阳县沙市镇人民政府收集了相关书证（含记账凭证、收据、云阳县沙市镇大湾煤矿关闭补助资金拨付申请表等），查明以下事实：

1994年11月28日，胡某某投资设立某煤场，工商登记为个人独资企业。2006年3月13日，胡某某将某煤场转让给曹某权。2007年，曹某权又将某煤场转让给伍某清、伍某友、刘某江合伙经营，后刘某江退出合伙，某煤场由伍某清、伍某友经营。后该煤场关停，伍某友以某煤场法定代表人的名义，分4次申请领取了30万元、425万元、60万元、30万元合计545万元煤矿关闭补偿款。2017年1月3日，沙市镇汤溪源社区居民委员会出具《情况说明》，证明本案法院卷宗中该居委会出具的胡某某与伍某清有亲戚关系的“证明”不属实。云阳县劳动人事争议仲裁委员会仲裁裁决书中载明，谢某某申请劳动仲裁时述称其老板为伍某清。伍某清在云阳县人民法院做的两份执行笔录及在检察机关询问时均承认，原大湾煤矿是他和侄儿伍某友 2008 年从曹某权手上购买的，三案均系其以胡某某名义起诉或应诉，并冒用胡某某的名义委托律师代理。

监督意见 重庆市人民检察院认为，有新的证据足以证明某煤场的投资人已变更为伍某清与伍某友，且企业性质也已变更为有限责任公司，足以推翻上述三个案件判决认定的事实，且足以证明以上三案系他人侵犯胡某某的诉讼权利，冒用胡某某名义提起、参与诉讼的结果，人民法院判决胡某某承担责任错误，依法应予监督，主要理由如下：

1. 有新的证据足以证明，某煤场在注销前虽然工商登记为个人独资企业，实质经过两次转让一次整合，企业性质已变为有限责任公司。某煤场虽然在存续期间，工商登记投资人一直为胡某某，企业性质为个人独资，未办理过变更登记，但至本案纠纷发生时，某煤场的实际投资人已变更为伍某清与伍某友，企业性质也已变更为有限责任公司，且在某煤场注销后，伍某友与伍某清已享受了投资人权益，以云阳县某煤业有限责任公司某煤矿的名义，领取了政府给予的 545 万元关闭补偿款。三案的生效判决仅仅依据未变更的工商登记就认定胡某某还是某煤场的投资人显属错误。

2. 有新的证据足以证明伍某清在胡某某不知情的情况下，直接以某煤场、胡某某的名义提起诉讼、参与诉讼，并向人民法院提交载明胡某某为某煤场法定代表人的身份证明书，严重侵害了胡某某享有的诉讼权利。

3. 工伤待遇保险纠纷案中，谢某某与云阳县某煤业有限责任公司某煤矿之间具有劳动关系。虽然有某煤场诉谢某某确认劳动关系案和胡某某诉云阳县人力资源和社会保障局行政确认案的生效判决在先，但已有证据足以证明该两案系他人侵犯胡某某的诉讼权利，不应仅依据工商登记来确定由胡某某承担责任，而应按实际的法律关系来确定胡某某、伍某友、伍某清的责任分担。

监督结果 （1）确认劳动关系纠纷案。经检察机关抗诉，法院驳回伍某清以胡某某的名义提起的对谢某某、伍某清、伍某友、云阳县鱼泉煤业有限责任公司的诉讼。（2）行政确认纠纷案。经检察机关抗诉，法院裁定撤销一审、二审行政判决。（3）工伤保险待遇纠纷案。经检察机关抗诉，法院重审判决，云阳县某煤业有限责任公司在判决生效 3 日后支付谢某某伤残津贴、一次性伤残补助金等 498069 元。

典型意义

1. 工商登记的企业信息变更后，应查明事实以确定民事责任主体。企业工商登记制度设立的目的在于赋予企业以经营主体资格、便于国家对企业的监督以及公示企业的相关信息，使公众及相关交易主体了解企业的基本情况。司法机关在办案过程中，应查明企业信息变更情况，以准确界定民事责任主体，保证判决结果的客观公正。

2. 打破民事、行政诉讼监督类型壁垒，找准系列诉讼案件的关联性。本案属系列案件范畴，虽然涉及民事诉讼和行政诉讼不同的诉讼类型，但确认劳动关系案件是行政案件工伤认定的基础，最后落脚点在于实体权利义务的承担，即工伤保险待遇纠纷的实体判决。行政诉讼介入民事诉讼，既影响民事诉讼的判决结果，行政诉讼的判决结果也影响民事案件中责任的分配和承担。在审查该类型案件时，应该全面审查系列案件的原审卷宗及相关证据材料，而不能孤立地看待个案，在全面审查的基础上制订相应的审查方案，找准抗点，以实现对系列案件的精准监督。

（重庆市人民检察院　徐燕）

相关规定

1.《中华人民共和国民事诉讼法》第十三条、第一百一十四条、第二百一十七条

2.《最高人民法院关于适用〈中华人民共和国民事诉讼法〉的解释》第一百八十九条

3.《中华人民共和国个人独资企业法》第十五条

执行监督

1. 设定执行担保后能否终结本次执行程序

——衢州甲新能源科技有限公司买卖合同纠纷执行监督案

关键词

终结本次执行程序　执行人员违法　对人监督

要旨

在执行监督中，检察机关应当注重“对事监督”与“对人监督”相结合，通过调查核实查明人民法院执行人员的违法行为，依法提出检察建议，在促进当事人实体权利实现的同时，促进人民法院执行规范化。

基本案情

衢州市甲新能源科技有限公司（以下简称甲公司）因与浙江乙电子科技有限公司（以下简称乙公司）买卖合同纠纷，于2015年8月25日向开化县人民法院起诉，要求乙公司支付货款484521.23元及利息38761.68元，并申请诉讼保全，要求依法冻结乙公司名下55万元银行存款或查封、扣押其他同等价值的财产。次日，开化县人民法院作出（2015）衢开商初字第825－1号裁定，冻结乙公司银行存款55万元（银行回执因余额不足冻结0元）及查封乙公司所有的动产和不动产。

2015年9月25日，乙公司以其法定代表人张某某和程某某共同所有的位于开化县城关镇农资路14号的房屋作为担保，向开化县人民法院申请要求解除对乙公司银行存款、动产及不动产的查封，开化县人民法院于2015年9月29日作出（2015）衢开商初字第825－2号裁定，裁定解除对乙公司的银行存款55万元的冻结；解除对乙公司原有的动产和不动产的查封；查封张某某、程某某所有的坐落于开化县城关镇农资路14号的房产。

2015年9月30日，甲公司与乙公司达成调解协议，乙公司自愿向甲公司清偿货款及相应利息，开化县人民法院作出（2015）衢开商初字第825号民事调解书确认。后乙公司未按调解书履行，甲公司于2015年11月5日向开化县人民法院申请强制执行。2016年6月1日，开化县人民法院以“经查，被执行人暂无履行能力。现申请执行人自愿终结本次执行程序”为由裁定终结本次执行程序，但未向甲公司送达裁定书。

2016年8月16日，甲公司向开化县人民法院申请拍卖张某某提供担保的开化县城关镇农资路14号房屋，该院未予答复。2016年11月22日，陆某某因与张某某民间借贷纠纷向开化县人民法院申请拍卖同一处房产。2016年11月24日，开化县人民法院裁定拍卖该房产。2017年5月31日拍卖成交，拍卖价款为人民币172万元，扣除拍卖评估费7500元、诉讼与保全费54147元、执行费6650元，支付中国邮政储蓄银行开化县支行抵押优先受偿权本息870731.37元，张某某一家三口安置费用337401.92元，剩余分配款451069.71元，甲公司分配得58874.51元。

检察机关监督情况

审查过程　2017 年 10 月，甲公司认为开化县人民法院违法执行申请监督，开化县人民检察院依法受理。该院调阅了本案的审判、执行卷宗材料，以及同时参与分配的 7 个案件的卷宗材料。

监督意见　2018 年 9 月 3 日，开化县人民检察院作出开检民执监〔2018〕33082400046 号检察建议。该院认为，开化县人民法院在执行过程中存在以下违法情形：一是裁定终结本次执行程序违法。本案在查封了甲公司法定代表人张某某提供的担保物后，又以被执行人暂无能力履行债务为由终结本次执行程序，既违反法律规定，也与事实不符。二是执行法官存在违反法律规定的行为。执行法官朱某在没有收到申请执行人自愿终结本次执行程序申请情况下，擅自以当事人自愿为由终结本次执行程序，且作出终结本次执行程序裁定后一直不将裁定书依法送达申请执行人，违反了《最高人民法院关于适用〈中华人民共和国民事诉讼法〉的解释》第 519 条以及《最高人民法院关于执行案件立案、结案若干问题的意见》第 16 条第 2 款、第 3 款的规定。三是执行期限超过法律规定。本案于 2015 年 11 月 5 日立案执行，2016 年 6 月 1 日裁定终结本次执行，超过 6 个月的执行期限，且无延长或中止执行的审批手续。据此，开化县人民检察院向开化县人民法院发出检察建议，要求其查明该案执行中存在的问题予以纠正，并根据《人民法院工作人员处分条例》的规定对执行法官作出相应的处分。

监督结果　开化县人民法院调查核实后认为，案件承办人朱某工作责任心缺失，因过失导致作出错误裁定，且未将裁定书送达申请人，作出裁定时间也超过了执行案件6个月的执行期限，造成申请人信访、法院工作被动等不良后果，存在失职行为，根据《人民法院工作人员处分条例》第83条的规定，追究其政纪责任，决定给予朱某行政警告处分。此外，针对甲公司的合法权益，开化县人民法院高度重视，第一时间成立了专案组，对该执行案件进行了重新审查，并加大了对被执行人的执行力度和双方当事人的调解力度，后乙公司法定代表人张某某主动筹措资金50余万元，代乙公司履行了义务。甲公司法定代表人冯某某对此表示满意，当场表示不再上访，并在开化县人民法院执行局签署了罢访承诺书，一起涉法涉诉矛盾纠纷得到了妥善化解。

典型意义

1. 以“对事监督”为抓手，深挖违法执行背后的人员违法线索。执行是司法的最后一个环节，事关人民群众合法权益的及时实现。司法实践中，一些法院执行不规范的问题仍然比较突出，“执行难”“执行乱”问题仍然是人民群众反映强烈的突出问题。在审查一般执行案件时应透过案件本身，分析该违法执行案件背后可能存在的执行违法问题。通过实地走访涉案企业、调取同期参与执行分配的其他案件等方式，明确执行人员的违法行为与所造成后果之间的因果关系。

2. 在强化监督的同时，注意维护申请人的合法权益。民事检察的职能既有监督公权力的一面，也有私权救济的一面。检察机关在监督法院对违法执行行为进行纠正的同时，还应该注重维护申请人的合法权益。特别是在申请人为民营企业的情况下，应当高度关注案件执行对企业发展的影响。及时督促法院通过纠正原有错误执行行为，加大执行力度，最大限度地维护申请人合法权益，助力企业正常发展。

（浙江省开化县人民检察院　罗菲）

相关规定

1.《最高人民法院关于适用〈中华人民共和国民事诉讼法〉的解释》第一百六十八条、第五百一十九条

2.《最高人民法院关于执行案件立案、结案若干问题的意见》第十六条

3.《人民法院工作人员处分条例》第八十三条

2. 诉讼期间协议离婚的夫妻共同财产如何查控执行

——余姚市某洁具厂不当得利纠纷执行监督案

关键词

不当得利纠纷　转移财产　未穷尽执行措施　终结本次执行　调查核实

要旨

执行程序中，人民法院应当依照法律规定，采取有效执行措施最大限度地实现生效法律文书确认的债权。人民法院未穷尽执行措施而违法终结本次执行，申请执行人申请监督的，检察机关应当依法提出监督意见。

基本案情

2015 年 5 月 18 日，浙江省余姚市人民法院就某水电建筑安装有限公司（以下简称建筑公司）诉余姚市某洁具厂（以下简称洁具厂，个体工商户，经营者余某珍）不当得利一案作出一审民事判决，判令被告洁具厂返还原告建筑公司 500 万元及支付自 2010 年 4 月 3 日起至判决确定履行之日止的利息。洁具厂不服，向宁波市中级人民法院提起上诉。2015年10月9日，宁波市中级人民法院作出二审民事判决，驳回洁具厂上诉、维持原判。

2015年12月3日，建筑公司向余姚市人民法院申请强制执行，同日余姚市人民法院立案执行，并向洁具厂发出了执行通知书和财产申报令。在执行过程中余姚市人民法院查询了洁具厂车辆、银行存款等财产状况，未发现可供执行的财产。

2016年5月24日，余姚市人民法院裁定追加第三人余某珍为本案被执行人。同日，法院对被执行人洁具厂、余某珍采取限制高消费和纳入失信被执行人名单的惩戒措施。2016年5月26日，余姚市人民法院裁定冻结、扣划被执行人洁具厂、余某珍银行存款500万元，或扣留提取其同等数额的收入，或查封、扣押、冻结其同等价值的其他财产。2016年5月27日，余姚市人民法院发出协助执行通知书，查封被执行人余某珍名下的位于余姚市城区某国际花园5幢501室房产，查封期限为3年，自2016年5月27日至2019年5月26日，查封金额500万元。同日，余姚市人民法院裁定终结本次执行程序。2016年6月1日至2日，余姚法院对被执行人余某珍名下银行存款进行了查询，未发现大额存款。此后，余姚市人民法院未采取其他执行措施。

检察机关监督情况

审查过程 2019年7月31日，建筑公司向浙江省余姚市人民检察院申请监督。检察机关受理后，通过调阅执行和审判卷宗材料，询问当事人，认为该案在诉讼和执行期间有无转移隐藏财产是关键，遂到房屋管理部门、车管所、银行及婚姻登记机关等单位进行调查核实。

监督意见 2020 年 1 月 6 日，余姚市人民检察院向余姚市人民法院发出余检民（行）执监〔2019〕33028100001 号检察建议。该院认为余姚市人民法院存在以下违法情形：一是未对余某珍名下的财产采取相应的执行措施。余姚市人民法院于 2016 年 5 月 24 日追加余某珍为被执行人后，仅查封了余某珍名下的位于余姚市城区乔登国际花园 5 幢 501 室房产，查封期限于 2019 年 5 月 26 日届满后未予续封；仅冻结了余某珍名下部分银行账户，其名下未被冻结账户仍有资金往来，且对余某珍名下的一辆丰田小型汽车未予查扣，未能依法穷尽执行措施。二是余某珍与余某龙在婚姻存续期间，余某龙名下于 2005 年 10 月 11 日登记了一处建筑面积为 4179.4 平方米的房产，根据《婚姻法》第 17 条（现为《民法典》第 1062 条）规定，在夫妻关系存续期间所得财产，不因财产分割或登记在夫妻一方名下而改变共有性质，故该 4179.4 平方米的房产应属于夫妻共同财产。余某珍与余某龙虽于 2014 年 9 月 18 日协议离婚，但根据《婚姻法》第 19 条（现为《民法典》第 1065 条）及《最高人民法院关于适用〈中华人民共和国婚姻法〉若干问题的解释（二）》第 25 条（现为《最高人民法院关于适用〈中华人民共和国民法典〉婚姻家庭编的解释（一）》第 35 条）的有关规定，余某珍与余某龙离婚财产分割协议仅对双方具有约束力，不得向外对抗债权人。另根据《浙江省高级人民法院关于执行生效法律文书确定夫妻一方为债务人案件的相关问题解答》第 7 条规定，经判断为夫妻个人债务的案件，应当执行属于被执行人所有或者其个人名下的财产。被执行人所有或者其个人名下的财产不足清偿的，可执行夫妻共同财产中的一半份额。如登记在夫妻另一方名下的财产系共同财产，也可执行。执行机构可直接对上述共同财产采取相应的执行措施。本案中，余某珍与余某龙婚姻存续期间所得的财产，余某珍享有一半的份额，该份额当然包括婚姻存续期间余某龙名下的财产，因此，执行法院应对余某龙名下的相应财产采取执行措施。故该院建议余姚市人民法院恢复执行，加大对余某珍与余某龙婚姻存续期间共有财产中余某珍份额的执行力度，同时查封、扣押、冻结余某珍名下与本案执行标的对等的财产。

监督结果 2020年1月23日，余姚市人民法院复函称，恢复本案执行，并按照检察建议的内容依法冻结了余某珍名下多个银行账户，查封了余某珍名下房产、车辆及其与余某龙共有的房产，将对相关财产进行司法处置。

典型意义

1. 依照法定程序穷尽执行措施，是执行法院的应尽职责，也是解决执行难问题的根本。查控被执行人的财产是金钱给付类型执行案件执行到位的关键，也是法院执行工作的应尽职责。查找可供执行的财产人为因素比较大，面上查与深入查的结果会截然不同，直接影响到执行结果，关系到当事人的利益能否得到保障，是检察机关助力解决执行难的主要监督点。本案通过调阅卷宗，发现法院在执行过程中过度依赖网络查控系统的查询数据，未采取积极主动的调查，造成被执行人财产线索不全。从检察机关初步调查结果来看，法院未能发现部分可供执行的财产，也未对发现的执行财产采取执行措施。在被执行人尚有财产未查扣、处置的情况下，法院径行作出终结本次执行程序的裁定，违反了《最高人民法院关于严格规范终结本次执行程序的规定（试行）》第1条的规定，这恰恰是本案监督的切入点。

2. 依法行使检察调查权，追踪被执行人财产，提升监督效果。督促法院依法查找可供执行的财产，要依靠实实在在的证据。检察机关虽然在调查手段、强制性等方面不占优势，但应当充分发挥主观能动性，运用能用的一切调查方法依法进行调查核实。本案中，检察机关从银行账户流水、不动产登记、婚姻登记等线下查询入手调查取证，掌握了被执行人真实财产状况及婚姻变动情况，发现了被执行人企图通过离婚转移财产的行为，为提出监督意见夯实证据基础，增强了监督法院采取执行措施的刚性，切实维护当事人的合法权益。

3. 检察机关应切实履行法律监督职责，有力维护民营企业合法权益。案涉建筑公司系浙江省知名的民营企业，2015年12月3日申请强制执行以来，因本案执行问题多次向法院反映，甚至起诉余某珍的前夫余某龙，均解决未果。检察机通过调查厘清了余某珍与余某龙婚姻关系存续期间的财产登记变化情况，推动法院采取有效的执行措施查封了余某龙名下的房产，切实维护了民营企业的合法权益，对丰富法院查找财产线索方式和渠道起到了积极的促进作用。本案的成功办理，取得了较好的法律效果和社会效果，有力增强了人民群众对司法公正的认可度，让人民群众在司法案件中感受到公平正义的检察温度。

（浙江省余姚市人民检察院　周瑾宇、龚开宏）

相关规定

1.《中华人民共和国婚姻法》第一十七条、第一十九条（现为《中华人民共和国民法典》第一千零六十二条、第一千零六十五条）

2.《最高人民法院关于适用〈中华人民共和国婚姻法〉若干问题的解释（二）》第二十五条（现为《最高人民法院关于适用〈中华人民共和国民法典〉婚姻家庭编的解释（一）》第三十五条）

3.《人民检察院民事诉讼监督规则（试行）》第一百零三条（现为《人民检察院民事诉讼监督规则》第一百零八条）

3. 案外人未能补办产权登记的厂房是否属于执行财产

——赵某伦房产被拍卖未获发拍卖款执行监督案

关键词

执行款久拖不发　执行异议　执行违法监督

要旨

在执行程序中，被执行人的财产拍卖成交的，人民法院应当依法及时发放执行款。人民法院怠于履行职责，侵害权利人合法权益的，检察机关应当依法提出监督意见。

基本案情

上海银行宁波某支行（以下简称宁波某支行）与宁波某制造公司、陈某发、孙某丽、浙江某建设公司金融借款合同纠纷一案，经仲裁调解结案，宁波某制造公司支付宁波某支行借款本息及为实现债权而支付的费用合计23346326.31元，陈某发、孙某丽、浙江某建设公司承担连带责任。因宁波某制造公司未履行仲裁调解书，宁波某支行向象山县人民法院（以下简称象山县法院）申请强制执行。象山县法院于2017年5月17日立案执行。

2017年6月2日，象山县法院公告决定拍卖被执行人宁波某制造公司名下位于象山县贤庠镇的房地产。赵某伦向象山县法院主张宁波某制造公司名下2号车间土地系其承租，厂房由其出资建造，并提供了《土地租赁合同》为证。2017年9月30日，象山县法院就涉案房地产价值委托评估，后象山县法院将评估报告送达陈某发，未向赵某伦送达。

执行期间，赵某伦分别于2017年12月12日、2018年1月20日向象山县法院提出执行异议，要求终止对该厂房的拍卖。2018年6月19日，赵某伦在执行谈话时同意将2号车间厂房与其他房地产一并拍卖，但要求厂房拍卖后的相应价值归其所有。

2018年8月16日，象山县法院裁定拍卖宁波某制造公司名下位于象山县贤庠镇的房地产。拍卖前，象山县法院进行了财产权属状况调查，知晓拍卖财产涉及案外人赵某伦。拍卖成功后，拍卖款于2018年10月22日打入象山县法院指定账户，因涉案厂房无法补办相关产权登记，象山县法院未向赵某伦发放拍卖款。

2019年7月24日，赵某伦再次向象山县法院提出执行异议，要求退还2号车间厂房的拍卖款，并提供了《土地租赁合同》、潘某国等12位厂房建造人员证人证言等证据。宁波某制造公司出具的《说明》及陈某发在执行笔录中的陈述亦证实2号车间厂房由赵某伦出资建造并归其所有。象山县法院收到该执行异议申请书后，未依法作出裁定。2019年8月28日，象山县法院作出终结本次执行裁定，但仍未向赵某伦发放相关拍卖款。

检察机关监督情况

审查过程 2019 年 9 月 16 日，赵某伦向象山县人民检察院申请监督。检察机关立案受理后，依法调阅执行案卷，认真听取当事人意见，实地勘察、走访，对涉案厂房的建造细节、经营管理状况、历史现实情况进行了全方位的调查核实，最终确认涉案厂房价值应归赵某伦所有，象山县法院迟迟未向赵某伦发放拍卖款的行为存在执行违法情形。

监督意见 2019 年 12 月 19 日，象山县人民检察院向象山县法院发出象检民（行）监〔2019〕33022500003 号检察建议。该院认为，象山县法院在本案执行中怠于履行职责，侵害案外人的合法权益：象山县法院在财产权属调查时知晓了拍卖财产涉及案外人赵某伦，且赵某伦多次向其提出执行异议，但象山县法院未积极履行职责，查明涉案财产权属状况，亦未在异议审查期满后依法作出裁定；未向利害关系人赵某伦送达资产评估报告，亦未在执行款到账后依法及时发放，违反了最高人民法院《关于人民法院民事执行中拍卖、变卖财产的规定》第 6 条、《关于执行款物管理工作的规定》第 10 条的规定。据此，该院建议象山县法院：在依法调查清楚拍卖财产权属状况的基础上，将属于案外人赵某伦的款项及时发还。

监督结果 2020 年 3 月 20 日，象山县法院收到检察建议后复函称，因被执行人提起执行分配方案异议之诉等原因，经赵某伦同意，暂扣争议拍卖款 862973.5 元，其余款项已于 2019 年 12 月 30 日汇入赵某伦账户。

典型意义

1. 强化民事执行案件精准监督，彰显执行监督的检察力度。民事检察监督，不可粗放式办案，要以精准监督的理念推动工作，提高办案质效，增强司法权威，满足新时代人民群众对公平正义的更高追求。本案中，法院的执行工作存在违法：一是怠于履行职责，在未查明涉案财产权属状况的情形下，简单粗暴扣发拍卖款，损害了案外人的财产权益；二是没有严格遵守执行的相关法律规定，存在执行异议审查期满后未依法作出裁定、未向利害关系人送达资产评估报告等诸多问题。检察机关在办理此类执行监督案件时，应当更加精准、全面地把握监督点，实体与程序审查并重，不宜偏重程序审查，特别是出现案外人提出执行异议的情况，检察机关在调查核实时应当更多关注涉案财产的权属状况，不局限于执行法院已查明的事实，发现并积极推动解决法院在执行中侵害案外人合法权益的难点痛点，督促法院积极履行职责，规范执行工作。通过发送检察建议的方式，倒逼法院反向审查自身立案、审判、执行环节中是否存在违法，从源头上实现检察监督与法院自我预防、自我纠错的良性互动。

2. 积极履行检察机关监督职能，体现以人为本的检察温度。人民群众对公平正义的获得感，来源于每一个鲜活的司法案例，特别是涉及执行的民事案件，更是与民生民利息息相关。本案中，赵某伦所有的厂房被法院拍卖，执行款却久拖不发致其生产经营陷入困境，数次向执行法院提出执行异议均未果，赵某伦无奈向检察机关申请执行监督。检察机关立案受理后，积极主动履行监督职能，仔细查阅执行案卷，认真听取当事人意见诉求，深入细致开展调查核实工作。多次实地勘察涉案厂房，并走访联系法院、政法委、不动产交易中心等多个部门，了解被执行财产的历史现实情况及相关政策文件，积极沟通，多方协调，找到明确法律依据说服执行法院，着力解决当事人的实际困难。确认涉案厂房价值应归属赵某伦所有后，检察机关及时提出监督意见，敦促法院依法发放执行款，做到案结事了，切实维护当事人的合法权益。

3. 助力构建法治化营商环境，展现司法为民的检察担当。民营企业是国民经济和社会发展的主力军，检察机关在办理涉民营企业案件时应当综合考虑办案质效，既要依法依规履行监督职能，又要不断强化大局意识和服务意识，严格落实“六稳”“六保”工作要求和支持中小微企业健康发展的决策部署，最大程度上保护民营企业及企业家的合法财产权益。本案中，面对被执行厂房因未能补办相关产权登记而无法获发拍卖款的特殊情形，检察机关通过走访勘察，发现当地存在大量类似工业用房未能补办产权证的历史遗留问题，涉及面较广，如机械处理很可能影响当地诸多民营企业正常运营。为切实维护当事人的合法权益，实现良好的监督效果，检察机关结合当地历史现实情况，本着“双赢共赢多赢”的办案宗旨，因地制宜，因案施法，多方协调论证，最终帮助当事人及时获发执行款。本案的成功办理，既展现了检察机关在解决“执行难”问题上的积极作为，又彰显了保护民营企业合法权益的检察特色，以司法为民的检察担当替民营企业纾困解难，保护企业家投资创业的热情和信心，助力构建法治化营商环境，实现了政治效果、社会效果和法律效果的有机统一。

（浙江省象山县人民检察院　陆洁、余玮璇）

相关规定

1. 《最高人民法院〈关于人民法院民事执行中拍卖、变卖财产的规定〉》第六条

2. 《最高人民法院〈关于执行款物管理工作的规定〉》第十条

3. 《最高人民法院〈关于执行案件立案、结案若干问题的意见〉》第十七条

4. 《最高人民法院〈关于严格规范终结本次执行程序的规定〉（试行）》第五条

5. 《人民检察院民事诉讼监督规则（试行）》第一百零二条（现为《人民检察院民事诉讼监督规则》第一百零四条）

4. 查封、扣押、冻结被执行人财产的范围如何确定

——福建省某房地产开发有限公司执行监督案

关键词

明显超标的额执行　民营企业　调查核实　检察建议

要旨

民事强制执行程序中，人民法院查封、扣押、冻结被执行人财产应当与生效法律文书确定被执行人的债务相当，不得明显超出被执行人应当承担的债务数额。检察机关对于明显超标的额执行民营企业财产的违法行为，应当依法提出检察建议，督促执行法院予以纠正。

基本案情

2016 年 10 月 24 日，戴某鹏因与陈某全、刘某萍、福建某房地产开发公司（以下简称某房地产公司）民间借贷纠纷案，向丰泽区人民法院（以下简称丰泽区法院）申请诉讼财产保全，该院经审查后作出裁定：冻结被申请人陈某全的 1 套房产；冻结被申请人某房地产公司 24 套房产。

2016年12月26日，丰泽区法院作出一审民事判决，判决：被告陈某全、刘某萍偿还原告戴某鹏借款本金1500万元及利息、律师代理费112500元，被告某房地产公司对上述债务承担连带清偿责任。

2017年1月7日，戴某鹏向丰泽区法院申请强制执行。2017年1月8日，丰泽区法院作出（2017）闽0503执1812号执行裁定，裁定：冻结、划拨被执行人陈某全、刘某萍、某房地产公司的银行存款1511.25万元及利息；或查封、扣押、拍卖、变卖、提取上述被执行人相应价值的财产收入。2017年6月14日，丰泽区法院向泉州市不动产登记中心发出（2017）闽0503执1812号协助执行通知书，请求协助暂停办理被执行人某房地产公司92套房产的过户、抵押交易等手续（查封期限3年）。

检察机关监督情况

审查过程 2017年7月3日，某房地产公司认为丰泽区法院明显超标的额查封其财产，向福建省泉州市丰泽区人民检察院（以下简称丰泽区检察院）申请民事执行监督。丰泽区检察院予以受理审查。

丰泽区检察院对案件线索依法进行调查核实：一是询问申请人某房地产公司，了解到企业因房产被查封，经营陷入困境；二是查阅丰泽区法院审判与执行案卷，并调取相关法律文书及其他书证；三是实地查看被查封楼盘，被查封楼盘所处位置位于中心城区，房产价值较高。经调查核实发现，生效裁判文书确定的债务总额为1511.25万元及利息，而执行时却查封了债务人陈某全所有的1套房产以及保证人某房地产公司116套房产，其市场价格远远超出判决书所确定的债权额范围，存在明显超标的额查封的问题。

监督意见 丰泽区检察院认为，戴某鹏与陈某全、刘某萍、某房地产公司民间借贷纠纷案的债权标的额是1511.25万元及利息，而丰泽区法院查封的房产价值明显超出被执行人应当履行义务的范围，违反了《民事诉讼法》第242条及《最高人民法院关于人民法院民事执行中查封、扣押、冻结财产的规定》第21条的规定，存在明显超标的额查封被执行人财产的违法行为。2017年9月15日，丰泽区检察院向丰泽区法院发出泉丰检民（行）执监〔2017〕35050300006号检察建议，建议法院在开展查封房产的执行行为时，应以房产的价额足以清偿法律文书确定的债权额及执行费用为限，对已查封、冻结的房产应当及时进行评估，对查封的房产超出被执行人应当履行的还款义务范围的，应及时解除超出债权额及执行费用部分房产的查封、冻结措施，依法保障当事人的合法权益。

监督结果 收到检察建议书后，丰泽区法院及时解除了对某房地产公司部分房产的查封措施。解除查封措施后，某房地产公司得以顺利出售案涉房产，企业资产和资金流得以有效盘活。

典型意义

执行程序的适度原则要求执行措施应限制在合理的范围，执行目的与执行手段之间达到基本平衡。法院在执行过程中超标的额查封、扣押、冻结的“乱执行”现象，违反适度原则，侵害了当事人合法权益，损害了司法的公平公正和权威。在认定是否存在明显超标的额执行时，不仅要查明主债权、利息、违约金及为实现债权而支出的合理费用，还要结合被执行人的财产是否为不可分物、财产上是否设定其他影响债权实现的权利等因素予以综合考虑。采取查封、扣押、冻结的被执行人的财产标的额若明显超出法律文书确定的债权额及执行费用，且被执行财产并非不可分物时，可以认定执行行为存在明显超标的额执行的情形，检察机关应及时纠正，消除对涉案企业正常生产经营的不利影响，保障民营企业的可持续发展。

（福建省泉州市丰泽区人民检察院　陈继伟、范自强、陈国艺）

相关规定

1.《中华人民共和国民事诉讼法》第二百四十二条（现为第二百四十九条）

2.《最高人民法院关于人民法院民事执行中查封、扣押、冻结财产的规定》第二十一条

3.《人民检察院民事诉讼监督规则（试行）》第一百零二条（现为《人民检察院民事诉讼监督规则》第一百零四条）

5. 被执行人未依约履行执行和解协议时法院能否执行结案

——海宁某布艺有限公司执行监督案

关键词

执行和解　强制执行方式　恢复执行

要旨

在执行监督中，人民法院违法结案、消极执行、违法送达、违法扣除审理期限的，检察机关应当依法提出监督意见，保护当事人合法权益，规范人民法院的执行行为。

基本案情

海宁某布艺有限公司（以下简称某布艺公司）与北京某经贸有限责任公司（以下简称某经贸公司）买卖合同纠纷一案，海淀区法院于2013年1月15日作出（2013）海民初字第01058号民事判决，判令某经贸公司于判决生效后10日内给付某布艺公司货款143111元及利息。

判决生效后，某经贸公司未履行判决确定的义务，某布艺公司向海淀区法院申请强制执行。在执行法院主持下，双方当事人于2013年10月16日达成和解协议。协议内容为：（1）某经贸公司于2013年11月20日前一次性支付某布艺公司执行款10万元及诉讼费1607元，某布艺公司放弃其余申请款项，本案执行终结，双方无其他任何争议。（2）若某经贸公司不能按期足额付款，则某布艺公司有权按原判决申请强制执行全部款项。（3）和解协议所约定的某经贸公司的义务及生效民事判决所确定的某经贸公司的义务，均由某经贸公司法定代表人兰某提供连带责任保证。和解协议签订后，某经贸公司在和解协议签订当日支付现金10000元，执行法院冻结并扣划了某经贸公司银行账户的15200元（该款项于2014年10月30日发还某布艺公司）。

在某经贸公司未按照和解协议履行全部义务的情况下，执行法院于2013年10月17日以执行完毕方式结案，但法院未通知某布艺公司该案已结案。在案件办理过程中，执行法院在本案无中止执行情形时以中止执行理由扣除172天执行期间。因和解协议未全部履行，某布艺公司请求执行法院继续执行并追加兰某为被执行人，后又向执行法院邮寄追加申请书、限高申请书等。但执行法院并未恢复执行。

检察机关监督情况

审查过程 2018年7月3日，某布艺公司向北京市海淀区人民检察院（以下简称海淀区检察院）申请监督。检察机关于2018年7月4日受理案件。案件受理后，检察机关根据本案具体情况开展了调取法院执行卷宗、询问某布艺公司、向执行法官了解情况等调查核实工作。通过审查某布艺公司的申请监督书、证据材料，并询问某布艺公司，将其主张的法院执行违法情形作为审查重点和调查核实切入点；通过审查法院执行卷宗，查清本案执行活动情况，对法院执行活动予以全面审查，对法院违法送达、违法扣除审理期限、执行卷宗材料不完整等诸多常见执行违法及不规范情形均一一查明；通过向执行法官了解情况，与执行卷宗材料、某布艺公司提交的证据材料进行印证对比，进一步明确法院存在的执行违法情形。综合上述调查核实工作，检察机关全面查明本案存在的执行违法情形，在此基础上向法院制发检察建议予以监督。

监督意见 2018 年 9 月 6 日，海淀区检察院向海淀区法院提出京海检民执监〔2018〕11010800022 号检察建议。海淀区检察院认为，执行法院存在以下违法情形：一是以执行完毕方式作结案处理属于执行结案违法。某经贸公司仅在签订和解协议当日给付了 10000 元，法院虽扣划了某经贸公司存款 15200 元但于 2014 年 10 月 30 日才发还某布艺公司，剩余款项并未履行，故和解协议并未履行完毕。法院在和解协议未全部履行完毕，且本案亦不符合法律规定的其他结案方式的情形下，直接以执行完毕方式作结案处理，违反了《最高人民法院关于人民法院执行工作若干问题的规定（试行）》第 108 条（现为第 64 条）关于法定结案方式及当事人之间达成执行和解协议并已履行完毕的结案方式的规定。二是未根据某布艺公司的申请恢复对原生效法律文书的执行违法。某布艺公司在和解协议约定的履行期限届满后以某经贸公司未完全履行和解协议向法院申请恢复原判决的执行，法院未依法恢复执行，违反《民事诉讼法》第 230 条第 2 款（现为第 237 条第 2 款）的规定。三是未依照法定条件扣除执行期间导致实际执行期限超出法定期间。本案执行过程中并不存在

《民事诉讼法》第256条（现为第263条）规定的中止执行法定情形，卷宗中无中止执行及恢复执行的相关材料，且执行法院亦未依法作出中止执行裁定书和恢复执行通知书并送达当事人，执行法院以中止执行为理由扣除执行期限的行为，属于变向突破案件执行期限的限制，导致实际执行期间超出法定执行期间，违反了《最高人民法院关于人民法院办理执行案件若干期限的规定》第1条、第13条的规定。此外，执行法院超过司法解释规定的3日期限向某经贸公司发出执行通知，违反了《最高人民法院关于人民法院执行工作若干问题的规定（试行）》第24条的规定，执行卷宗存在无冻结存款的民事裁定书、协助冻结存款通知书、恢复执行申请书、追加被执行人申请书、查封申请书等材料，属于卷宗材料不完整。因此，检察机关建议：（1）纠正违法结案，依法恢复对原判决的执行。（2）规范结案方式，对于不属于终结执行的案件，应当审慎审查案件是否已经执行完毕或者符合其他可以结案的情形，严格按照法律规定的结案方式结案。（3）严格执行案件的执行期限，依法把握不计入执行期限的条件，审慎扣除执行期间，遇有特殊情况严格依照法律规定延长执行期限，确保案件在法律规定的执行期限内办结。（4）规范执行法律文书送达工作，依照法律规定及时向当事人送达法律文书。（5）规范执行材料入卷工作，确保入卷材料全面完整，能够如实反映执行过程。

监督结果 2018年12月，海淀区法院采纳了检察建议，及时恢复本案执行，同时表示严格按照法律规定规范执行程序。

典型意义

1. 纠正人民法院违法结案和消极执行行为，切实维护申请执行人合法权益。执行和解作为民事诉讼法确立的一项重要执行制度有利于债权人实现债权，在一定程度上缓解执行难问题，但实务中易出现两方面问题，影响申请执行人的合法权益。一是执行和解后被执行人未全部履行时法院即违法结案问题。对于当事人达成执行和解的结案方式，在2015年《最高人民法院关于执行案件立案、结案若干问题的意见》实行前，执行和解要求履行完毕方能结案。在实务中，为提高结案率，有的执行人员在双方达成和解协议后就作结案处理，未跟踪和解协议后续履行情况，在一定程度上使得和解协议成为被执行人拖延执行的一种手段。二是被执行人未全部履行执行和解协议时法院未及时恢复原判决执行的消极执行问题。在被执行人未完全履行执行和解协议时，法院应依申请执行人要求积极对执行和解协议履行情况予以审查，并作出是否恢复执行原审生效判决的决定。如若不然，属于怠于执行的消极执行行为。本案达成执行和解后，上述两个问题均在执行过程中出现。法院在和解协议达成次日、被执行人未履行完毕和解协议约定义务的情形下即违法结案，并在申请执行人申请恢复执行时未及时恢复原审判决的执行，导致案件从2013年到2018年约6年的时间未得到有效执行，严重损害了申请执行人的合法权益，检察机关应当依法监督纠正。

2. 检察机关加强对执行活动的全面监督，促进人民法院规范执行行为。检察机关对执行活动予以全方位、全过程的监督。本案所涉及的执行违法情形较多，涵盖了基层法院执行工作中常见的诸多违法情形，包括违法结案、和解协议不完全履行时的处理、以中止方式违法扣除执行期间、法律文书超期送达等，此外还存在执行卷宗材料不完整情形。上述执行违法及不规范情形，均影响法院的执行公信和司法形象。检察机关对执行案件进行全面审查，并针对查实的违法情形向法院发出执行检察建议，督促法院从细节抓起，从程序入手，确保执行权的规范运行。法院全部采纳本案检察建议，对检察建议提及的问题及成因进行了深刻分析，并针对每一项检察建议的内容进行了整改，案件依法恢复执行，并依法规范执行案件办理。该案的办理，发挥了检察机关执行检察建议对法院执行行为的促进保障、监督规范的积极作用。

3. 助推解决执行难问题，有力保障民营企业的合法权益。平等保护民营经济主体合法权益，努力为民营企业发展创造公平竞争环境，是民事检察重要职能之一。某布艺公司系非京民营企业，多年来因为本案执行问题数次找法院解决未果，检察机关通过检察监督纠正法院的消极执行方式，助推解决执行难问题，对于保障民营企业的合法权益、规范法院消极执行行为起到了积极的促进作用。某布艺公司对检察机关履职表示满意和感谢，有力增强了人民群众对司法公正和司法效率的获得感，达到了让人民群众在司法案件中感受到公平正义的效果。

（北京市海淀区人民检察院　王莉、金迪）

相关规定

1.《中华人民共和国民事诉讼法》第二百三十五条、第二百三十条第二款（现为第二百四十二条、第二百三十七条第二款）

2.《最高人民法院关于人民法院执行工作若干问题的规定（试行）》第二十四条、第一百零八条（现为第二十二条、第六十二条）

3.《最高人民法院关于人民法院办理执行案件若干期限的规定》第一条、第十三条

4.《人民检察院民事诉讼监督规则（试行）》第一百零二条（现为《人民检察院民事诉讼监督规则》第一百零四条）

6. 对第三人到期债权的执行活动如何审查

——广州某设备有限公司执行监督案

关键词

到期债权执行　违法冻结第三人财产　执行异议

要旨

执行程序中人民法院依申请执行人的申请，可以向第三人发出履行到期债务的通知。第三人在履行通知指定的期间内提出异议的，人民法院不得对第三人强制执行。人民法院违法作出执行裁定的，检察机关应当依法及时提出检察建议，纠正违法执行行为，以维护第三人的合法权益。

基本案情

河南某建材有限公司（以下简称某建材公司）与河南某实业有限公司（以下简称某实业公司）、广州某设备有限公司（以下简称某设备公司）买卖合同纠纷一案，郑州市中原区人民法院（以下简称中原区法院）于2020年2月13日作出（2019）豫0102民初11781号民事判决，判令某实业公司向某建材公司支付合同款项共计576.6135万元及逾期付款利息，某设备公司不承担责任。

因某实业公司未履行判决义务，某建材公司向中原区法院强制执行。执行过程中，执行法院依某建材公司的申请，于2020年3月23日对某设备公司作出履行到期债务通知书，认为某建材公司要求执行某实业公司对某设备公司享有的到期债权的申请符合法律规定，通知某设备公司直接向某建材公司履行到期债务585.3602万元，如有异议，自收到该通知书15日内提出。同日，该院又作出执行裁定，认为某实业公司在某设备公司享有到期债权可供执行，但其至今未履行，裁定冻结某设备公司的银行存款585.3602万元。后招商银行股份有限公司郑州分行协助法院对某设备公司在该行的银行存款进行了轮候冻结。2020年4月3日，某设备公司收到履行到期债务通知书、执行裁定书。受新冠肺炎疫情影响，2020年4月15日、16日，某设备公司以邮寄方式向法院提交执行异议书及相应材料，法院以需当面提交为由予以退回。某设备公司后在履行通知指定的期间内向法院当面提交了执行异议书，称某建材公司主张某实业公司对某设备公司享有的债权实际系某实业公司及案外人郑州某商贸有限公司共同享有，且未经结算，债权并未到期，请求撤销履行到期债务通知书，解除对该公司银行存款的冻结。法院对某设备公司提出的异议未予回复，亦未解除冻结其银行存款的执行措施。

检察机关监督情况

审查过程　2020年8月6日，某设备公司以中原区法院无任何证据证明存在到期债权情况下强行冻结其巨额银行存款为由，向郑州市中原区人民检察院（以下简称中原区检察院）申请监督。检察机关受理后，依法调取执行卷宗、询问当事人，并向执行法院了解情况。

监督意见 2020年8月27日，中原区检察院作出郑中检民执监〔2020〕41010200003号检察建议。该院认为，执行法院存在以下违法情形：（1）法院直接裁定冻结某设备公司银行存款错误。《最高人民法院关于适用〈中华人民共和国民事诉讼法〉的解释》第501条第1款、第2款规定："人民法院执行被执行人对他人的到期债权，可以作出冻结债权的裁定，并通知该他人向申请执行人履行。该他人对到期债权有异议，申请执行人请求对异议部分强制执行的，人民法院不予支持。"本案执行程序中，法院于2020年3月23日在对某设备公司作出履行到期债务通知书的同日，即裁定冻结其银行存款585.3602万元，剥夺了第三人提出异议的权利，违反上述法律规定，应予纠正。（2）法院怠于履行解除对某设备公司银行存款冻结措施的执行职责。《最高人民法院关于人民法院执行工作若干问题的规定（试行）》第63条（现为第47条）规定："第三人在履行通知指定的期间内提出异议的，人民法院不得对第三人强制执行，对提出的异议不进行审查。"本案中，某设备公司在通知书指定的期限内向法院提出异议，主张并不存在到期债务。根据上述规定，法院不得对某设备公司强制执行，已经采取强制执行措施的，也应及时依法解除。执行法院对某设备公司提出的异议一直未予回复，亦未解除冻结该公司银行存款的执行措施违反法律规定。中原区检察院结合查明情形，建议中原区法院结合本案目前查明的情况，及时解除冻结某设备公司银行存款的执行措施，规范到期债权执行行为。

监督结果 2020年8月27日，中原区法院复函采纳检察机关的检察建议。同日，该院作出（2020）豫0102执372号之一执行裁定，解除对某设备公司银行存款的冻结。2020年8月28日，招商银行股份有限公司郑州分行协助法院对某设备公司在该行的账户进行解冻，解冻金额585.3602万元。

典型意义

1. 强制执行对第三人到期债权的民事监督案件，应当围绕到期债权范围、第三人提出异议的内容及行使异议权的期限等进行审查。查封、扣押、冻结等强制执行措施的违法适用，损害企业财产运营价值，影响企业的正常生产经营活动。因此，对到期债权执行行为的监督，要结合到期债权是否系金钱债权、债权是否已届履行期限及第三人对该债权是否在期限内提出异议等因素予以综合审查。对于第三人在履行通知指定的期限内提出异议的，法院不得对第三人强制执行，且对异议不进行审查，可以释明申请执行人提起代位权诉讼予以救济。对于违法查封、扣押、冻结第三人财产的强制执行行为，检察机关应依法及时提出执行监督检察建议，监督法院纠正违法执行行为。

2. 第三人以邮寄方式对履行通知提出执行异议的，具有法律效力。根据《最高人民法院关于人民法院执行工作若干问题的规定（试行）》第62条（现为第46条）的规定，第三人对执行通知的异议一般应当以书面形式提出，口头提出的，执行人员应记入笔录，并由第三人签字或盖章。对于第三人提出的书面异议的提交方式，相关法律司法解释未进行明确规定。本案中，某设备公司在新冠肺炎疫情防控期间，以邮寄方式提交执行异议书，不违反法律规定，具有法律效力。况且，在疫情期间，这有效减少因诉讼活动而产生的人员流动和传染风险，有利于提高司法效能。

（河南省郑州市中原区人民检察院　杨黎君）

相关规定

1.《最高人民法院关于适用〈中华人民共和国民事诉讼法〉的解释》第五百零一条第一款、第二款（现为第四百九十九条第一款、第二款）

2.《最高人民法院关于人民法院执行工作若干问题的规定（试行）》第六十二条、第六十三条（现为第四十六条、第四十七条）

3.《人民检察院民事诉讼监督规则（试行）》第一百零二条（现为《人民检察院民事诉讼监督规则》第一百零四条）

7. 财产保全不能明显超标的额查封

——虞城某置业有限公司执行监督案

关键词

财产保全　超标的额查封　委托评估

要旨

在审判程序中，利害关系人申请诉前保全的，保全限于请求的范围，或者与本案有关的财物。检察机关对人民法院明显超标的额查封的违法行为，应当依法提出检察建议，督促人民法院予以纠正，维护当事人的合法权益。

基本案情

2019年2月25日，路某某以虞城某置业有限公司（以下简称某置业公司）欠其借款为由，向虞城县人民法院提起诉讼，要求某置业公司归还借款1793.4763万元本金及利息。2019年3月11日，依路某某申请，虞城县人民法院以（2019）豫1425执保181号裁定书查封某置业公司位于响河北侧的3B号楼、4A号楼、4号楼。某置业公司以超标的额查封为由向虞城县人民法院申请异议，后被驳回。2019年6月25日，虞城县人民法院以原查封的楼栋位置正确但楼号有误为由作出（2019）豫1425执保181号之二裁定书，将原裁定书查封的某置业公司位于响河北侧的3B号楼、4A号楼、4号楼的楼号更正为3B号楼、3号楼、4号楼。

检察机关监督情况

审查过程 2020年3月4日，某置业公司向虞城县人民检察院申请监督。检察机关受理后，依法查阅审判卷宗、询问某置业公司、调取相关证据、向执行法官了解情况、依法对被查封财产委托评估。

监督意见 虞城县人民检察院审查认为，虞城县人民法院在审理路某某与某置业公司民间借贷纠纷一案时以（2019）豫1425执保181号裁定书查封的房产价值达8349万元，明显超出诉讼请求标的额，违反了《最高人民法院关于人民法院民事执行中查封、扣押、冻结财产的规定》第21条和《最高人民法院关于人民法院办理财产保全若干问题的规定》第15条第2款的相关规定，存在明显超标的额查封某置业公司财产的违法行为。2020年3月13日，虞城县人民检察院以虞检民（行）违监〔2020〕41142500001号检察建议书向虞城县人民法院发出检察建议，建议对超标的额查封的违法行为予以纠正。

监督结果 收到检察建议书后，虞城县人民法院审查认定本案确系超标的额查封，于2020年4月7日作出（2019）豫1425执保181号之三裁定书，对其中的7套住宅和9套商铺解除了查封。

典型意义

1. 坚持一体化办案，形成合力是查办执行违法的有力保障。检察机关通过监督纠正法院明显超标的额查封的违法行为，对于盘活企业资产，激发企业活力，特别是保障民营企业的可持续发展具有重要意义。虞城县人民检察院受理此案后及时向商丘市人民检察院汇报，两级院形成合力，研讨破解监督难题和方法，确定调查核实方向，重点围绕是否明显超标的额查封进行审查。为此，虞城县人民检察院前往自然资源局调取相关证据，该院技术部门依法对被查封的房产委托评估，评估价值 8349 万元。

2. 办理明显超标的额查封的民事监督案件，应当围绕诉讼请求的范围和标的物价值进行审查。执行适度原则要求把执行措施限制在合理的范围内，执行目的与执行手段要保持基本平衡。查封、扣押、冻结等强制性措施的违法使用，将限制企业生产要素的自由流动，降低市场主体创造社会财富的活力。因此，在认定是否明显超标的额查封时，检察机关不仅需要主动履职，查明主债权、利息、违约金及为实现债权而支出的合理费用，还要结合查封财产是否为可分物等因素予以综合考虑，努力做到监督有据、监督有力。本案中，即使路某某的诉讼请求全部得到支持，其本金及利息合计 2200 余万元，加上实现债权的费用等也不足 3000 万元，而虞城县人民法院查封的房产价值达 8349 万元，远远超过了诉讼请求标的额，存在明显超标的额查封问题。

3. 开通绿色通道，依法快速办理涉民营企业案件。在疫情防控期间，检察机关充分发挥民事检察职能，多举措助力企业复工复产。受理此案后，检察机关及时进行调查核实，询问当事人、委托评估并走访了解企业经营状况等。发出检察建议后，检察机关持续跟进监督案件进度，积极与法院沟通协调，快速办理本案，依法维护了民营企业的合法权益，彰显了检察机关积极服务大局、兼顾效率与公平的司法理念，实现了政治效果、法律效果和社会效果的有机统一。

（河南省商丘市人民检察院　吴传敏；
河南省虞城县人民检察院　李奎）

相关规定

1.《中华人民共和国民事诉讼法》第二百零八条第三款（现为第二百一十五条第三款）

2.《人民检察院民事诉讼监督规则（试行）》第九十九条第五项（现为《人民检察院民事诉讼监督规则》第一百条第五项）

3.《最高人民法院关于人民法院民事执行中查封、扣押、冻结财产的规定》第二十一条（现为第十九条）

4.《最高人民法院关于人民法院办理财产保全若干问题的规定》第十五条第二款

8. 对“无可供执行财产”的终本案件如何开展监督

——伍某刚拒不执行生效判决执行监督案

关键词

转移财产　移送犯罪线索　立案监督

要旨

执行程序中，人民法院应当依照法律规定，采取有效执行措施最大限度地实现生效法律文书确认的债权。被执行有财产可供执行，人民法院未穷尽执行措施而违法终结本次执行的，检察机关应当依法提出监督意见，督促人民法院恢复执行程序。加强内外协作配合，依法打击拒不执行生效裁判的行为，维护法律权威。

基本案情

伍某刚和熊某香系夫妻关系。2012年1月4日，熊某香向工商银行贷款17.9万元，在石柱土家族自治县（以下简称石柱县）某汽车销售服务有限公司（以下简称某公司）购买了一辆总价为22.4万元的东风日产奇骏汽车。因熊某香未按时还款，

2014年9月26日，工商银行在某公司的担保账户中扣款62425.87元。后熊某香向某公司还款1.5万元，截至2014年11月4日，熊某香尚欠某公司47425.87元。此外，熊某香购车时欠某公司上户费（包含购置契税和保险等费用）共计49242元，伍某刚于2014年8月4日向某公司出具欠条一张。

2015年6月26日，某公司就上述两笔欠款分别起诉至石柱土家族自治县人民法院（以下简称石柱县法院），要求熊某香支付其代为支付的47425.87元及利息，要求伍某刚、熊某香支付上户费49242元及利息。石柱县法院经审理后作出（2015）石法民初字第03191号、（2016）渝0240民初3192号判决，分别判令熊某香在判决生效后15日内向某公司支付47425.87元及利息；伍某刚和熊某香在判决生效后15日内向某公司支付4.9万元。

判决生效后，某公司向石柱县法院申请强制执行上述两份判决。2018年9月、12月，石柱县法院均以未发现可供执行财产为由，分别作出（2018）渝0240执449号和（2018）渝0240执450号民事执行裁定，裁定终结本次执行程序。

检察机关监督情况

审查过程　某公司在参加石柱土家族自治县人民检察院（以下简称石柱县检察院）组织的“检察护航民企发展”检察开放日活动时，向检察机关反映其公司申请执行的被执行人伍某刚有房子和车子，但案件一直未执行到位。会后，检察长率领民行部门主动走访某公司，了解情况后引导其向检察机关提出监督申请。

石柱县检察院受理后，依法调阅了法院执行案卷，向执行法官了解案件情况。围绕被执行人是否有可供执行财产的问题，走访了街道、社区和车管所，核实伍某刚的财产状况；通过检索裁判文书网发现伍某刚因其他案件有拆迁款被冻结后，到县征拆中心、银行查询拆迁补偿情况和补偿款资金流向。查明事实如下：某公司反映的被执行人伍某刚名下的房屋系拆迁安置房，因尚未办理房屋登记，不具备执行条件；名下车辆虽被法院作出了查封决定，但一直没有查找到该车辆下落，属于不可控财产。伍某刚除了某公司反映的房屋及车辆外，其名下另有一宗土地被石柱县征拆中心征收，应得补偿款7902354.1元。2019年5月23日，伍某刚向县征拆中心出具委托书，委托其合伙人简某民全权负责土地补偿款领取事宜。5月28日，县征拆中心委托银行向简某民账户转账拆迁款600万元。当日，简某民即向伍某东（后经查证系伍某刚之兄）账户转账300万元。9月16日，石柱县法院因其他案件裁定冻结伍某刚在征拆中心的拆迁补偿余款1902354.1元。此外，经调查还发现，2019年4月16日，石柱县法院立案受理了黄某（系荆门市某燃料化工有限公司法定代表人）申请执行与伍某刚买卖合同纠纷一案，黄某要求伍某刚偿还609000元货款，该案进入执行阶段后，一直未执行到位。

监督意见 石柱县检察院认为，伍某刚将本应由自己领取的征拆补偿款委托给简某民领取，征拆款到简某民的账户后又于同日将其中的300万元转至伍某东账户，其转移资产逃避执行某公司和黄某申请执行案件意图明显，有拒不执行生效判决的嫌疑。另伍某刚和熊某香系夫妻关系，拆迁款属于家庭共有财产，应当用于偿还二人债务。2019年11月14日、20日，石柱县检察院向石柱县法院发出石检民执监〔2019〕50024000005号、石检民执监〔2019〕50024000006号检察建议书，建议法院恢复某公司两起案件的执行。

监督结果 收到检察建议后，石柱县法院对两起案件恢复执行，但一直未执行到位。石柱县法院虽多次督促伍某刚履行，伍某刚仍拒绝履行。后石柱县检察院民行部门将伍某刚涉嫌拒不执行判决的犯罪线索移送公安机关。公安机关初查后不予立案，民行部门及时跟进，并与本院刑检部门沟通联系，建议刑检部门进行立案监督。刑检部门向公安机关发出要求说明不立案理由通知书（石检不立通〔2020〕Z6号）后，公安机关以伍某刚涉嫌拒不执行判决罪立案侦查，并依法冻结了伍某刚以伍某东名义存款100万元。在审查起诉环节，伍某刚偿还了某公司的9.9万元和黄某的69余万元执行款，并认罪认罚。2020年10月10日，伍某刚因犯拒不执行判决罪被石柱县法院判处有期徒刑10个月，缓刑1年，并当庭表示不上诉。

典型意义

1. 充分行使调查核实权，查明人民法院是否存在未穷尽执行措施的违法行为，做实民事检察监督。调查核实权是法律赋予检察机关的一项权力，是检察机关正确有效行使民事诉讼监督职权的必要措施。实务中，被执行人通过各种方式逃避执行的情况大量存在，而基层人民法院面临大量执行案件压力，客观上存在消极执行、选择执行等问题。检察机关在履行民事执行监督过程中，充分行使调查核实权，既可以调查法院执行人员的执行违法行为，又可以调查被执行人的违法行为。本案中，检察机关通过查阅执行案卷，走访街道、社区、车管所了解到被执行人表面上无履行能力，但在裁判文书网发现被执行人有财产被另案采取诉前了保全措施，就此判断被执行人有其他财产线索未被法院掌握。进一步追踪财产线索时发现被执行人获得了巨额的征收补偿款，最终认定被执行人系有财产可供执行而拒不执行，为发挥民事执行监督职能奠定了坚实的基础。

2. 加强内外协作，增强监督质效。在履行监督职责过程中，检察机关对外要加强与公安机关等单位的联系与配合，建立犯罪线索移送与反馈机制，及时移送办案过程中发现的犯罪线索；对内应注重横向沟通与合作，加强民行部门与刑检等部门在信息反馈、案件查办等方面的联动配合，灵活运用民事监督和刑事监督手段，形成检察监督合力。本案办理过程中，人民法院虽然采纳了恢复执行的检察建议，但一直未执行到位，监督效果不明显。检察机关及时跟进监督，将被执行人涉嫌拒执的犯罪线索移送公安机关侦查。在公安机关初查不予立案后，建议刑检部门进行刑事立案监督。检察机关通过灵活运用民事监督和刑事监督手段，形成检察监督合力，是案件得以执行到位的关键所在。

3. 依法严厉打击逃避执行的违法犯罪行为，避免民营企业“赢了官司输了钱”。民营企业是重要的市场主体，执行程序的顺利进行是民营企业合法权益得以实现的有力保障，若不能执行到位，生效裁判文书将是一纸空文。拒执行为对民营企业合法权益、法治建设和社会诚信伤害巨大，检察机关应充分发挥检察职能严厉打击此类行为，为保障民营经济健康发展保驾护航。本案中，检察机关在疫情期间坚持与企业保持常态化沟通联系，通过追究被执行人拒不执行生效判决的刑事责任，使两家民营企业被长期拖欠的近 80 万元执行款得以快速兑现，法院 3 起案件得以执行完毕，为民营经济持续健康发展提供了有力司法服务和保障，法治化营商环境得以优化，真正实现了“双赢多赢共赢”。

（重庆市石柱土家族自治县人民检察院　牟俐蓉、盛艳）

相关规定

1.《中华人民共和国民事诉讼法》第二百三十五条（现为第二百四十二条）

2.《人民检察院民事诉讼监督规则（试行）》第一百零二条（现为《人民检察院民事诉讼监督规则》第一百零四条）

3.《最高人民法院关于严格规范终结本次执行程序的规定（试行）》第九条

4.《最高人民法院关于适用〈中华人民共和国婚姻法〉若干问题的解释（二）》第二十四条第一款（现已失效）

检察和解

1. 如何引导未达成拆迁补偿协议的当事人达成和解

——叶某玲与平原县城市建设指挥部办公室房屋拆迁安置补偿合同纠纷案

关键词

房屋拆迁安置补偿合同纠纷　促成和解　申请复查

要旨

复查制度是民事检察监督的重要组成部分，为当事人提供了最后的救济途径。检察机关在办理民事复查案件过程中，对当事人有和解意愿的，要坚持和发展新时代“枫桥经验”，积极引导当事人和解，在化解矛盾纠纷的同时，最大程度发挥民事检察监督复查制度的功能。

基本案情

2014 年 2 月，叶某玲将平原县城市建设指挥部办公室（以下简称平原县城建办）起诉至山东省德州市平原县人民法院

（以下简称平原县法院），请求判令平原县城建办继续履行《房屋拆迁补偿意见书》，并在平原县东苑小区为叶某玲安置105.48平方米的楼房。平原县法院于2014年6月作出一审民事裁定。该院认为，叶某玲提交的相关证据不能认定其与平原县城建办已经达成拆迁补偿安置协议，按照《城市房屋拆迁管理条例》第16条的规定，叶某玲应向房屋拆迁管理部门申请裁决，故裁定驳回叶某玲对平原县城建办的起诉。叶某玲不服一审裁定，向德州市中级人民法院提起上诉。德州市中级人民法院于2014年8月作出二审民事裁定，驳回上诉，维持原裁定。叶某玲不服二审裁定，向山东省高级人民法院申请再审。山东省高级人民法院于2016年12月作出民事裁定。该院认为，该案争议的焦点问题是叶某玲与平原县城建办是否已经达成房屋拆迁补偿安置协议。案涉《房屋拆迁补偿意见书》不能证明叶某玲与平原县城建办已经达成房屋拆迁补偿安置协议。因此，根据《最高人民法院关于当事人达不成拆迁补偿安置协议就补偿安置争议提起民事诉讼人民法院应否受理问题的批复》的规定，对于当事人达不成拆迁补偿安置协议的纠纷法院不予受理，叶某玲可参照《国有土地上房屋征收与补偿条例》的规定向有关部门主张权利。综上，再审法院裁定：维持德州市中级人民法院二审民事裁定。

检察机关监督情况

审查过程　叶某玲不服再审裁定，向山东省人民检察院申请监督。该院经审查认为，案涉双方争议系因达不成拆迁补偿安置协议而产生。根据《最高人民法院关于当事人达不成拆迁补偿安置协议就补偿安置争议提起民事诉讼人民法院应否受理问题的批复》规定，拆迁人与被拆迁人或者拆迁人、被拆迁人与房屋承租人达不成拆迁补偿安置协议，就补偿安置争议向人民法院提起民事诉讼的，人民法院不予受理，山东省高级人民法院的再审裁定并无不当，遂决定不支持叶某玲的监督申请。

和解过程及结果　叶某玲不服山东省人民检察院作出的不支持监督申请决定，向最高人民检察院申请复查。最高人民检察院经审查认为，再审认定的事实存在不当。在此基础上，为维护人民群众合法权益，最高人民检察院检察官会同下级院有关人员前往平原县对本案进行现场调查，经多方努力，平原县城建办与叶某玲达成和解协议：经县政府同意，由平原县房屋征收管理办公室在县城内南苑安置小区以建设成本价向叶某玲出售一套75平方米的多层住宅楼房，用于解决叶某玲家庭居住困难问题，叶某玲息诉罢访。因双方当事人已经达成和解协议并申请撤回监督申请，最高人民检察院对本案终结审查。

典型意义

1. 检察机关应当坚持“以人民为中心”思想，努力实现案结事了人和。检察机关办理的人民群众身边“小案”，关系当事人及其家庭的生存和发展，都是“天大”的案件。房屋拆迁安置补偿是否到位，不仅涉及当事人及其家庭的切身利益，还关乎社会和谐稳定。本案中，法院以《房屋拆迁补偿意见书》不能证明叶某玲与平原县城建办已达成房屋拆迁补偿安置协议为由，进而裁定驳回叶某玲起诉，导致矛盾进一步激化，并引发信访问题。检察机关在办案过程中，始终坚持以人民为中心，积极协调利益相关方达成和解，真心实意为人民群众排忧解难，促使申请人信任检察机关，真正实现案结事了人和。

2. 办理民事诉讼监督案件应当力求精准，通过办理一案、带动一片。检察机关创新工作举措，积极回应当事人诉求，探索出拆迁户以成本价购买安置房、进而促成双方达成和解的好办法。在本案的引领下，同期共有 4 件案件达成了检察和解。不仅较好解决拆迁户家庭居住困难问题，为办理拆迁安置类纠纷案件探索出一条新路，还起到精准监督所要求的纠偏、创新、引领和示范作用，是检察机关结合自身职能优势积极参与社会治理、维护社会和谐稳定的重要方式，实现了政治效果、社会效果和法律效果的有机统一，为进一步规范和加强相关工作提供了有益借鉴。

3. 发挥民事检察监督案件复查制度优势，把好维护当事人合法权益最后一道关口。民事检察监督复查制度作为民事检察监督的重要组成部分，不仅为私益救济、维护当事人的合法权益保留了最后的法律通道，而且通过复查程序化解社会矛盾，有助于树立检察机关的司法权威。检察机关在办理民事复查案件过程中，要充分发挥司法能动性，对当事人有和解意愿的，要积极引导当事人和解，充分保障当事人合法权益，最大限度发挥民事检察监督复查制度的功能。

（最高人民检察院　滕艳军）

2. 程序违法而实体正确的债权转让纠纷案如何处理

——内蒙古某矿业有限责任公司与衡水某压滤机公司、衡水某装修公司债权转让合同纠纷案

关键词

债权转让合同纠纷　促成和解　程序违法

要旨

对生效裁判实体公正，但存在审判程序违法的监督案件，在充分尊重双方当事人真实意愿的前提下，检察机关可以引导当事人自行和解。同时，检察机关应当坚持全面审查原则，对人民法院的程序违法行为依法提出监督意见。

基本案情

2011 年，内蒙古某矿业有限责任公司（以下简称矿业公司）与衡水某压滤机公司（以下简称压滤机公司）签订《工矿产品承揽供货合同》一份，约定矿业公司购买压滤机公司生产的压滤机，价款为 115 万元。合同签订后，压滤机公司按约定将压滤

机交付矿业公司使用。矿业公司给付压滤机公司 103.2825 万元，尚欠 11.7175 万元。2017 年，衡水某装修公司（以下简称装修公司）与压滤机公司签订债权转让合同，约定压滤机公司将其对矿业公司享有的债权 11.7175 万元转让给装修公司。压滤机公司将债权转让通知书邮寄给了矿业公司。此后，矿业公司一直未付款，装修公司遂将矿业公司、压滤机公司起诉至法院，请求法院判决两公司偿还货款 11.7175 万元及利息损失 6 万元。

河北省衡水市桃城区人民法院（以下简称桃城区法院）一审认为，矿业公司与第三人压滤机公司签订《工矿产品承揽供货合同》后，第三人已按合同履行了供货义务，但矿业公司只给付部分货款，其行为已构成违约。现第三人压滤机公司已将债权 11.7175 万元转让给装修公司，并通知矿业公司，该转让行为合法有效，但矿业公司未履行还款义务，装修公司要求矿业公司给付货款及利息合理合法，应予支持。该院缺席判决矿业公司给付装修公司 11.7175 万元及利息。

一审判决生效后，矿业公司不服，向衡水市中级人民法院申请再审，被裁定驳回。

检察机关监督情况

审查过程　矿业公司以法院公告送达程序违法致其未能参加诉讼，剥夺其辩论权为由，向衡水市桃城区人民检察院（以下简称桃城区检察院）申请监督。桃城区检察院受理本案后，多次当面听取矿业公司及其代理人的意见，主动向法院了解案件执行进展，并依法开展调查核实。检察机关审查认为，矿业公司正常经营期间，人民法院径行采用公告送达方式向矿业公司送达起诉状副本、开庭传票等法律文书，致使矿业公司未能参加庭审，客观上限制了矿业公司行使辩论权和上诉权，不符合法律规定，且在卷宗中未记明公告送达的原因和经过。矿业公司法人代表因该案被纳入失信被执行人名单，严重影响了企业的正常运转。

程序违法监督 针对违法公告送达问题，桃城区检察院依法向桃城区法院提出检察建议。一是建议法院严格适用民事诉讼法关于公告送达的规定，加强对公告送达的管理，充分保障当事人的诉讼权利。二是建议对公告送达的原因和经过在法院审判卷宗中予以记载。桃城区法院收到检察建议后，专门召开会议作了认真研讨，针对《检察建议书》提出的问题，采取工作措施予以改进。

和解过程及结果 经充分听取双方当事人意见，检察机关了解到双方有和解意愿，但在给付数额方面，双方心理预期差距较大。和解工作一度陷入僵局，承办检察官主动作为，采取“背靠背”的方式与当事人“一对一”沟通，结合案件事实、执行情况，从节约司法成本，维护双方当事人合法权益的角度，针对本案案情和相关法律规定，对双方当事人进行了深入、耐心的释法说理；对双方的权利义务关系、相应的法律风险等事项进行了详细的解释和说明。在双方的预期差缩小之际，促成双方面对面进行交流，并对双方拟达成和解的内容进行审查，确认和解不存在损害国家利益、社会公共利益或者他人合法权益的情形。最终，在检察机关的持续努力下，双方达成和解协议，约定矿业公司向装修公司偿还货款 6.5 万元，并于 10 个工作日内付清。装修公司向法院撤回强制执行申请。桃城区检察院于 2019 年 3 月 18 日依法作出终结审查决定并送达双方当事人。

典型意义

1. 依法履行法律监督职责，服务民营企业发展。办案过程中，检察机关应注意把办案与服务民营企业发展相结合，通过办案服务保障民营企业发展。就本案来说，三方当事人均系民营企业，案件标的较小，但债权债务关系客观存在，简单地提出检察建议纠正法院违法送达行为，不能免除矿业公司的债务，不利于各方当事人合法权益的保护。检察机关引导双方当事人以和解方式结案，减少企业诉累，节约司法资源。

2. 践行“枫桥经验”，化解矛盾纠纷。检察机关对于受理的案件，尤其是涉及民营企业发展的案件，要先进行和解必要性评估。有和解可能的，要制订详细周密的和解方案，以案结事了为导向，全力促成和解。在和解过程中，要秉持客观公正立场，从焦点归纳、事实认定、证据采信及法律适用等方面，向当事人释法说理，让其自愿达成和解协议。当事人在和解过程中不愿意继续和解的，应当充分尊重当事人意愿，终止和解进程，不得强迫其和解。就本案而言，检察机关经过多次耐心细致的工作，在自愿前提下，促成双方达成和解协议，化解当事人的矛盾纠纷，修复社会关系，实现案结事了人和的目标。同时，检察机关坚持全面审查原则，对人民法院的违法送达行为依法提出监督意见，取得了良好的监督效果。

（河北省衡水市桃城区人民检察院　于新琴）

3. “提成款”如何支付

——甲工艺公司与乙包装公司加工承揽合同纠纷案

关键词

加工承揽合同　促成和解　公开听证

要旨

在和解过程中，检察机关应当秉持客观公正立场，围绕焦点归纳、事实认定、证据采信及法律适用等方面，加强释法说理，引导当事人自愿达成和解协议。检察机关可以将听证作为缓解对立关系、查明事实、促进和解的重要手段。

基本案情

2011 年，甲工艺公司与乙包装公司签订加工定作合同，约定甲工艺公司按乙包装公司提出的订单为其加工制作纸箱，甲工艺公司不能擅自与乙包装公司客户发生业务往来。上述合同签订后，甲工艺公司违反约定，与乙包装公司客户进行业务往来。双方随后签订补充协议，约定甲工艺公司可向乙包装公司客户直接供货，但应按照供货纸箱面积向乙包装公司支付提成，乙包装公司负责协调订单量、付款等事宜。甲工艺公司在合同签订并履行4个月后，拒绝向乙包装公司发送供货量数据及支付提成款，并以乙包装公司未履行协调付款义务为由向乙包装公司发出解除合同通知书。

乙包装公司将甲工艺公司起诉至法院，要求支付2012年5月至2016年4月的提成款及利息。一审法院以乙包装公司要求甲工艺公司继续支付提成款，无合同依据且违反公序良俗原则为由，判决驳回乙包装公司诉讼请求。乙包装公司上诉后，二审法院判决认定双方合同有效，甲工艺公司向乙包装公司支付提成款836万余元及相应利息。甲工艺公司不服该判决，向山东省高级人民法院申请再审，被裁定驳回。

检察机关监督情况

审查过程 2019年，甲工艺公司以双方加工定作合同已解除，终审判决其支付给乙包装公司的报酬款过高、显失公平为由，向山东省烟台市人民检察院（以下简称烟台市检察院）申请监督。该院对案件审查后，提请山东省人民检察院抗诉。

监督意见 为进一步查清事实、化解矛盾，山东省人民检察院组织公开听证会，邀请3名人民监督员、省院专家咨询委员作为听证员参加，部分新闻媒体现场采访报道，以公开促公正。听证会上通过对案件事实进行细致的询问和调查，并经听证员现场提问和评议，进一步厘清了双方矛盾的关键点，查清了案件事实。听证会成为双方愿意协商和解的转折点，甲工艺公司通过听证降低了诉讼预期，表示积极配合案件和解工作；乙包装公司结合自身实际也表示愿意进一步商谈和解工作。

和解过程 鉴于双方当事人均系有一定规模、实力的民营企业，深受诉累已近六年，严重影响企业的生产经营，和解工作存在很大困难。首先，检察机关适时启动一体化办案机制，将促成和解融汇于办案全过程。针对双方固执己见、不愿退让的情况，耐心与双方当事人通过面谈、电话交流等方式沟通，反复向其阐明检察机关服务民营企业、服务大局的原则，阐述追求问题解决、矛盾化解的办案理念，亮明检察机关客观公正的办案立场，让双方当事人信服。其次，针对前期双方当事人拒绝妥协、僵持不下的情形，检察机关反复疏导做双方当事人的工作。山东省人民检察院承办检察官在听证会后及时赴烟台市检察院，与该院承办检察官共同主持和解，针对双方当事人互不相让、和解久拖不决的情况，检察机关既做到关键时候“放一放”，给当事人“静一静”“想一想”的机会；又抢抓主动，借鉴“枫桥经验”中依靠群众的做法，积极争取双方诉讼代理人的理解和支持，劝说当事人配合和解，针对和解过程中双方矛盾再次激化的情况，及时跟进了解事情起因和发展情况，反复释法说理，争取双方重回和解轨道。

和解结果 在两级院共同努力下，双方最终签订和解协议。甲工艺公司积极筹款，当场向乙包装公司转账支付675万元，较生效判决确定的本息减少约400万元。双方当事人握手言和，甲工艺公司免于破产，乙包装公司为恢复生产经营注入了大额资金。协议签订后，甲工艺公司提交撤回监督申请，山东省人民检察院依法作出终结审查决定。

典型意义

1. 更新办案理念，保障民营企业有序健康发展。检察机关应牢固树立“以人民为中心”司法理念，对于受理的案件，先进行和解必要性评估，有和解可能的，以案结事了为导向，尽力促成和解。本案双方当事人均系民营企业，也曾存在合作关系，后因诉累，甲工艺公司将申请破产；乙包装公司亦因客户流失、疫情影响而经营不景气。基于此，检察机关更新理念，摒弃“结案了事”思想，通过和解促进双方利益平衡，服务保障疫情影响下的民营企业生产和发展，实现双赢多赢共赢。

2. 开展公开听证，使案件事实更加清晰明了。应当将听证作为进一步查清事实、推进和解的重要手段，通过听证前详细审查案件，全面了解案件事实，邀请听证员参与听证并现场提问和评议等方式，提高当事人对检察机关办案的亲历性，使听证会充分发挥化解矛盾纠纷的“缓冲带”“推进剂”作用。

3. 发挥“枫桥经验”，综合施策促成和解。民事检察和解并非一蹴而就，必须综合采取多种方式，运用法律智慧、检察智慧、群众智慧开展。本案双方当事人矛盾较深，前期均态度坚决，不肯和解。检察机关在做和解工作时面临很大挑战和困难，历经多次磋商沟通，最终促成双方当事人达成和解协议并即时履行完毕。

4. 发挥上下协作的一体化办案机制，形成和解工作合力。本案系提请抗诉案件，在案件办理及和解过程中，省市两级院紧密协作沟通，多次劝导当事人并当面释法说理，协调案件办理中出现的问题，并现场主持签订和解协议，为达成和解发挥了重要作用。

（山东省人民检察院　刘燕）

4. “一房多主”如何处理

——何某新与福清某房地产公司、福清市某镇政府房屋拆迁安置合同纠纷案

关键词

房屋拆迁安置合同纠纷　执行　促成和解　公开听证

要旨

当事人申请执行监督的，检察机关可以引导当事人自行和解。检察机关可以通过开展调查核实、举行公开听证等手段，查明案件事实、缓解对立情绪，从而促成当事人达成和解协议。对人民法院存在的怠于执行、违法终结本次执行程序等问题，应当依法提出监督意见。

基本案情

1995 年，福清某房地产公司与福清市某镇政府签订协议，约定该镇新市巷拆除后，由福清某房地产公司负责承建并提供安置店面和房源。何某新被拆房屋位于该地段，应补偿面积 101.83 平方米。新市巷拆迁完成后，福清市某镇政府向何某新提供位于该镇龙安街的 2 栋 503 号房（以下简称 503 房屋）作为

安置房，面积91.73平方米。因安置面积不足，何某新母亲搬入该镇龙腾街4栋213店面（以下简称213店面）居住至今。2008年，福清某房地产公司起诉至法院，请求何某新及其母亲返还213店面。2012年11月，何某新亦向法院起诉，请求福清某房地产公司协助办理安置房的过户登记手续。法院经多次审理，于2015年判决福清某房地产公司、福清市某镇政府共同协助何某新办理503房屋过户登记手续，并在何某新补足超面积安置差价后协助办理213店面过户登记手续。判决生效后，何某新申请强制执行，因法院未采取有力措施，案件未执行到位。双方诉争期间，福清某房地产公司将213店面抵押给福清某银行，后因其未按期还款，某银行提起诉讼，法院判决确认其银行对213店面拍卖、变卖价款享有优先受偿权。判决生效后某银行向法院申请强制执行，法院查封了213店面。何某新对法院查封裁定提出书面异议，被法院驳回。

检察机关监督情况

审查过程 2019年10月，何某新以福清市某镇政府、不动产登记中心等相关单位不为其拆迁安置房屋及店面办理过户登记，法院还另案查封该店面其向法院提出执行异议被裁定驳回为由，向福建省福清市人民检察院（以下简称福清市检察院）申请监督，该院经审查后予以受理。

因该案案情复杂，检察机关调阅案卷材料，认真梳理案件争议焦点和各方诉求。厘清案情后，检察机关依法对当事人进行询问，了解到福清某房地产公司无人负责相应事务，福清市某镇政府主要领导几经更替，致使本案涉及的补差价及过户登记问题迟迟未能解决。为化解矛盾纠纷，一方面，检察机关着力推动解决503房屋过户登记，向福清某房地产公司释法说理，说明不履行生效判决可能承担的法律责任。经多次沟通，福清某房地产公司同意将该房屋产权证交付给何某新，并协助过户。另一方面，检察机关组织双方当事人协商差价。最终何某新表示愿意承担15万元至18万元差价款，福清某房地产公司提出各自缴税及一方缴税两种不同补差方案，双方分歧逐步减少。

和解过程及结果 针对当事人各方均有和解意愿，检察机关决定以公开听证方式将矛盾纠纷一揽子解决。2020年4月29日上午，福清市检察院组织公开听证会，邀请与案件处理有利害关系的福清某银行、不动产登记中心及税务部门参加听证。听证会上，何某新、福清某房地产公司、福清市某镇政府、福清某银行最终达成和解协议，约定由何某新补足20万元差价，福清某银行收到款项后随即申请解除213店面查封、抵押登记，福清某房地产公司及福清市某镇政府及时协助何某新办理过户登记，所涉税费双方各自缴纳。

2020年6月18日，在检察机关的持续推动下，何某新取得503房屋及213店面的不动产权证书。随后向福清市人民法院申请对（2014）融民初字第4898号民事判决执行结案。

执行监督情况 针对法院怠于执行、违法终结本次执行程序等问题，福清市检察院向法院发出检察建议。鉴于213店面已进入查封阶段，该院及时函告法院要求暂缓对该店面拍卖，同时建议法院向不动产登记中心发出《协助执行通知书》，以便当事人办理213店面过户登记手续。福清市人民法院采纳了该检察建议。

典型意义

1. 强化调查核实，确保精准办案。检察机关因履行法律监督职责的需要，可以进行调查核实。本案在办理过程中，检察机关通过审阅卷宗、询问双方当事人及案外人、调取有关证据材料、咨询相关部门对专门问题的意见，查明案件事实、争议焦点以及法院未能执行到位的症结，在此基础上推动双方当事人协商并进行释法说理，为案件后续和解做了充分准备，确保精准办案。

2. 检察机关可以通过公开听证等方式，促进和解协议达成。对重大疑难复杂和当事人矛盾冲突较大的案件公开听证，有利于充分听取各方意见，促进案结事了人和，亦有利于提高案件审理透明度，提升司法公信力。本案历时二十多年，经过多次诉讼，矛盾争议重重交织，当事人对抗情绪激烈。检察机关邀请人大代表、政协委员、人民监督员担任听证员，并邀请税务、不动产登记中心等行政机关参加听证，发表专业意见，一揽子综合解决问题，最终促成当事人现场和解，实质性化解了矛盾纠纷，同时也提升了检察机关的公信度。

3. 充分发挥检察职能，实现“三个效果”有机统一。检察机关办理民事诉讼监督案件，在引导当事人达成和解协议后，还应关注案件背后的社会治理问题。本案中，通过检察机关的工作，既帮助民营企业福清某房地产公司走出诉累困境，又为低保人员何某新申请司法救助，亦使福清某银行清理了多年的不良资产。从法律效果上说，通过执行监督进一步规范法院的执行活动，案件的和解亦有助于法院执行结案。从社会效果上说，检察机关践行“以人民为中心”的办案理念，邀请各方参与听证，有力化解社会矛盾，体现了检察机关在社会综合治理中的重要作用。

（福建省福清市人民检察院　严碧花）

5. 十年纠纷如何化解

——张某伏与赵某不当得利纠纷案

关键词

不当得利纠纷　促成和解　执行程序衔接

要旨

检察机关办理民事诉讼监督案件，应当积极践行新时代“枫桥经验”，在尊重当事人真实意愿意愿，且不损害国家利益、社会公共利益和他人合法权益的前提下，积极引导当事人和解。当事人达成和解协议的，加强与人民法院执行程序的衔接，以实现案结事了。

基本案情

张某伏与赵某之父赵某银系长期生意伙伴，经结算张某伏向赵某银出具货款欠条一份。因张某伏未能及时清偿欠款，2012 年 2 月，赵某银将张某伏起诉至山东省成武县人民法院（以下简称成武县法院），同年 4 月 27 日该院作出一审民事判决，判决张某伏偿还赵某银货款 209830 元。该案在执行过程中，张某伏于 2018 年 2 月提出其四次给赵某银行账户转账 179900 元并附凭条，向成武县法院申请再审，请求确认该款是张某伏通过赵某向赵某银偿还的货款。因赵某银否认，成武县法院裁定驳回张某伏的再审申请。张某伏遂以不当得利为由，于2018年将赵某诉至宁夏回族自治区中卫市中宁县人民法院，请求赵某返还该笔货款。该案经法院一审、二审判决及宁夏回族自治区高级人民法院申诉复查后，均以证据不足不支持张某伏的诉请。张某伏不服法院判决，向宁夏回族自治区中卫市人民检察院（以下简称中卫市检察院）申请监督。

检察机关监督情况

审查过程　根据案件线索，检察机关重点开展以下调查核实工作：一是调阅法院一审、二审和再审卷宗，查询成武县法院审理的张某伏和赵某银买卖合同纠纷判决和执行情况；二是询问案件当事人，核实张某伏起诉赵某不当得利案相关情况。

监督意见　经综合分析案情，检察机关考虑到本案及关联案件僵持近十年，从有利于化解矛盾、促进当事人息诉罢访的角度出发，在征求张某伏、赵某双方同意和解的意见后，决定向赵某银做释法说理工作，争取赵某银同意，将赵某银与张某伏的买卖合同纠纷案一并纳入本案和解工作，促成三方当事人总体达成和解。

和解过程及结果　办案检察官主动与赵某银联系，从情、理、法三方面进行沟通交流，指出案件三方在矛盾纠纷的长期缠诉中带来的诉累，帮助赵某银分析案件证据方面存在的问题以及由此可能带来的后果，最终赵某银表示愿意加入本案和解。通过办案检察官多次协调沟通，三方当事人终于达成和解协议，赵某银放弃在成武县法院对张某伏买卖合同纠纷案剩余款项的执行申请；张某伏放弃对本案的监督申请。中卫市检察院及时作出终结审查决定，认定赵某、赵某银与张某伏和解，且不损害国家利益、社会公共利益或者他人合法权益，决定对本案终结审查。当事人达成和解协议后，中卫市检察院及时将和解情况函告成武县法院，该院将赵某银与张某伏买卖合同纠纷执行案作终结处理。两件僵持近十年的民事纠纷最终以三方当事人和解结案，有效化解了矛盾纠纷。

典型意义

1. 检察机关在办案过程中应坚持和发展新时代“枫桥经验”，积极引导当事人和解息诉。检察机关办理民事诉讼监督案件，应当积极践行新时代“枫桥经验”，坚持源头治理和系统治理。对符合和解条件的，在尊重当事人意愿，且不损害国家利益、社会公共利益和他人合法权益情况下，积极引导当事人和解息诉服判。本案中，检察机关精准把握案件事实认定和法律适用，坚持自愿、合法原则，主动引导双方当事人寻求双方利益平衡、减少无谓争议。经检察机关释法说理及当事人权衡利弊，双方顺利和解，取得良好的法律效果和社会效果。

2. 注重矛盾化解，维护社会和谐稳定。检察机关应坚持把矛盾化解工作贯穿于民事诉讼监督各个环节，对当事人有和解意愿的，要积极依法促成和解，实现案结事了。本案及关联案件的民事纠纷僵持近十年，检察机关没有就案办案，而是另辟蹊径，经与当事人双方多次沟通交流，最终促使三方达成和解。

3. 创新工作方式，发挥司法能动作用，实现案结事了人和。能动司法，以法定主义为前提，是法治理念的体现。检察机关要明确能动司法的政治性和人民性，自觉服务国家经济社会发展大局。在民营企业保护、社会秩序维护等重点领域主动作为，妥善处理因社会转型、科技发展带来的复杂社会矛盾和纠纷，积极延伸司法检察职能，促进社会矛盾解决。本案中，中卫市检察院坚持系统治理，主动将案外人及关联案件纳入监督案件中，促成案外人赵某银加入案件和解，引导三方达成和解协议；又与人民法院对接，彻底把三方当事人从长时间的诉讼羁绊中解脱出来，真正实现办理一案、化解两起矛盾纠纷的效果。

（宁夏回族自治区中卫市人民检察院　马骁）

虚假诉讼监督

1. 破产程序中的追索劳动报酬虚假诉讼如何监督

——方某堂等199人劳务合同纠纷裁判结果监督案

关键词

生效裁判结果监督　抗诉　系列案件　规模化办理　建设工程领域

要旨

为在破产案件中优先清偿，行为人之间恶意串通、通过虚构事实和伪造证据，骗取法院民事调解书，构成虚假诉讼，损害了司法权威和国家利益。本系列案发生在建设工程领域，较易引发系列虚假诉讼和群体性社会矛盾。检察机关应当用足用好调查核实权，实现系列虚假诉讼监督案件的规模化办理。将精准监督与释法说理作为诉源治理工作的切入点，消除潜在的社会不稳定因素，推动建设工程领域法治化营商环境建设。

基本案情

2012年10月31日，浙江省嘉兴市秀洲区王江泾镇人民政府（以下简称王江泾镇政府）与某建设有限公司就王江泾镇节地型村庄整理启动区项目签订《建设工程施工合同》。2012年年底至2013年年初，某建设有限公司项目负责人王某刚与方某堂等人分别签订《建筑分项工程内部承包协议》，将涉案工程予以分包。方某堂等136人自2013年9月至2014年6月在某建设有限公司从事泥工粉刷工作，按约在王江泾镇节地型村庄整理启动区项目的工地履行劳动义务，某建设有限公司迟未支付工资。

2015年10月，方某堂等分别以某建设有限公司未支付工人工资为由诉至嘉兴市秀洲区人民法院，请求判令某建设有限公司支付136名工人工资款共计400余万元。某建设有限公司表示愿意与方某堂等人协商解决纠纷。同月，秀洲区人民法院作出民事调解书，确认某建设有限公司支付方某堂等136名工资款共计360余万元。

除以上调解书，在2015年4月至2015年10月，秀洲区人民法院另外作出63份民事调解书，确认某建设有限公司支付其他63名工人在“嘉兴瑞银迪仕尼”和“浙江亮月板业”等工程项目上的工人工资款共计200余万元。

检察机关监督情况

线索发现 2016年10月，嘉兴市秀洲区人民检察院（以下简称秀洲区检察院）依职权了解到该区王江泾镇节地型村庄整理启动区项目的农民工通过信访讨要工资，遂对该项目及“嘉兴瑞银迪仕尼”和“浙江亮月板业”等项目的共同建设方某建设有限公司涉及的大量民事诉讼案件情况进行调查。

调查核实 秀洲区检察院成立专案组，展开调查工作，全面了解和掌握某建设有限公司的工程情况和诉讼情况。经查：2013年3月，方某堂等人与某建设有限公司就王江泾镇节地型村庄整理启动区项目工程进行了口头约定，对承包方式和内容、工程质量、工程合同价款以及付款方式、违约责任进行了约定，明确方某堂等人承包该项目部分工程，工程所用人工由方某堂等人自行招录、管理并发放工资。因某建设有限公司面临其他巨额债务，资金周转困难，工程开工不久后即处于停工状态，无法按期支付工人工资。2014年8月11日，王江泾镇政府根据方某堂等人上报的工程联系单，足额垫付工人工资款600余万元。方某堂等人拿到垫付款后，仅向部分工人支付工资款，其余款项挪作他用。2015年10月，方某堂等人为索取非法利益，在已足额拿到政府垫付的工人工资款的情况下，仍与某建设有限公司法定代表人徐某军串通，采用伪造授权委托书、工人名单、工资发放表或者欠条的方式，以工人索要工资款的名义向嘉兴市秀洲区人民法院（以下简称秀洲区人民法院）提起136件民事诉讼。

监督意见 秀洲区检察院对方某堂等136人虚假诉讼案作出136份提请抗诉书，提请嘉兴市检察院抗诉。嘉兴市检察院经审查认为，方某堂等人与某建设有限公司法定代表人徐某军串通，伪造证据后向法院提起的诉讼系虚假诉讼，秀洲区法院据此作出的民事调解书存在错误，损害了国家利益，依法应当予以再审纠正。主要理由如下：

1. 涉案民事调解书所依据的相关证据均系伪造。经查，方某堂等199人并非某建设有限公司员工，双方未签订劳动合同，不存在劳动关系，某建设有限公司从未向他们直接支付工资或缴纳社会保险，工人招录、日常管理、薪酬发放等事项也均由方某堂等人自行负责。方某堂等人如果认为承包某建设有限公司的分包工程存在损失或者工程款存在拖欠，也应以自己的名义提起诉讼或者仲裁主张权利，而不能以某建设有限公司拖欠其工资的名义起诉。其他工人如认为存在劳务费用拖欠情形，也应直接向方某堂等人主张。涉案民事调解书所依据的《方某堂泥工粉刷班组工资发放表》、授权委托书等证据，均系方某堂等人与徐某军串通，为以劳务合同纠纷为由提起虚假诉讼而伪造。故人民法院应依法裁定再审并驳回方某堂等人的诉讼请求。

2. 民事调解所认定的劳务合同纠纷诉讼属于民事虚假诉讼，损害司法权威和国家利益。《民事诉讼法》第 112 条（现为第 115 条）规定："当事人之间恶意串通，企图通过诉讼、调解等方式侵害他人合法权益的，人民法院应当驳回其请求，并根据情节轻重予以罚款、拘留；构成犯罪的，依法追究刑事责任。"本系列案中，方某堂等人与某建设有限公司恶意串通，利用法律对劳动者的特殊保护，为在破产案件中享有优先清偿顺序，以工人名义虚构劳务纠纷事实，通过民事诉讼的形式骗取人民法院的民事调解书，属于虚假诉讼。这些虚假诉讼不仅侵害了某建设有限公司其他债权人的合法权益，而且扰乱了正常的诉讼秩序，损害司法权威和司法公信力。

监督结果　嘉兴市人民检察院分别于 2017 年 5 月、2018 年 8 月作出嘉检民（行）监〔2018〕33040000079 号等 136 份民事抗诉书，向嘉兴市中级人民法院提出抗诉。嘉兴市中级人民法院指令秀洲区人民法院再审上述 136 件案件。

秀洲区检察院分别于 2018 年 3 月、2019 年 6 月、2020 年 1

月对“嘉兴瑞银迪仕尼”和“浙江亮月板业”等项目中的虚假诉讼案件向秀洲区人民法院发出秀检民（行）监〔2019〕33041100059号等63件再审检察建议。

2017年8月至2020年6月，秀洲区人民法院作出199份民事判决书，判决：撤销199份民事调解书；驳回方某堂等199人的诉讼请求。

2020年1月16日，秀洲区人民法院以（2017）浙0411破10号之四号民事裁定书认可某建设有限公司债权人会议通过的破产财产分配方案。

典型意义

1. 当事人通过虚假诉讼骗取民事调解书，损害了国家利益、社会公共利益及他人合法权益，检察机关应当加大依职权监督力度。行为人利用人民法院确认调解协议以形式审查为主的特点，通过伪造证据、虚构事实等骗取人民法院民事调解书，构成虚假诉讼。虚假诉讼不仅损害了当事人和案外人的私益，也损害了社会公共利益，还扰乱了司法秩序，破坏了司法权威和司法诚信。检察机关作为法律监督机关，负有保障国家法律统一正确实施的法定职责。检察机关应当对虚假诉讼加大依职权监督力度，对履行职责中发现的虚假诉讼线索，应当主动作为，刑事检察、民事检察相互配合，综合运用包括调查核实在内的多种手段，查明案件事实，有力打击虚假诉讼。

2. 用足用好调查核实权，对虚假诉讼系列案件精准有效打击。调查核实权是法律赋予检察机关的一项权力，是检察机关正确有效行使民事诉讼监督职权的必要措施。虚假诉讼案件尽管具有一定的隐蔽性和欺骗性，但也存在被告同一、理由雷同、审结迅速、无实质性对抗等特征。检察机关办理虚假民事调解案件，应打破“坐堂审查”的局限性，建立敏锐发现疑点、准确研判线索、穷尽调查手段、全面收集证据的全流程调查核实模式。对个案精细审查，充分运用询问策略和法律说理，因地制宜、交叉询问击破攻守同盟；深入工程项目实地走访，全面了解涉案工程情况；主动对接公安机关、人民法院，及时调取案卷等所需材料，直至查明案件全部事实。对关联案件系统审查，“以案找人”和“以人找案”两种调查方式协同并进、滚动深挖，以涉案公司、工地、工人作为关键点，结合生活常理、交易习惯、人物关系，逐步延伸线索链条，扩大调查半径，提升办案质效。

3. 聚焦重点领域的典型案件，净化市场环境，服务“六稳”“六保”。民营经济是推动社会主义市场经济发展的重要力量，服务和保障民营经济健康发展是民事检察服务大局的重要内容。建设工程领域民营经济发达，市场主体活跃，同时民事法律关系复杂，各种利益交织，各类合同纠纷频发，虚假诉讼案件也易发高发。本系列案中，因法律规定工人工资可以在破产程序中优先清偿，工程承包人和分包人恶意串通，通过虚构事实和伪造证据，以劳务纠纷为名索取工程款，骗取人民法院的民事调解书，获得非法利益，在虚假诉讼案件类型中具有一定的典型性。破产程序中的虚假诉讼，严重损害债权人的合法权益，破坏公平竞争的市场秩序。检察机关通过办理此类虚假诉讼监督案件，延伸检察服务触角，引导包括民营企业合法合规生产经营，保护和激发市场主体活力，推动建设工程领域法治化营商环境建设。

（浙江省嘉兴市秀洲区人民检察院　谷健）

相关规定

1.《中华人民共和国共和国民法总则》第七条、第一百五十四条（现为《中华人民共和国民法典》第七条、第一百五十四条）

2.《中华人民共和国民事诉讼法》第一百一十二条、第二百条、第二百零八条（现为第一百一十五条、第二百零七条、第二百一十五条）

3.《人民检察院民事诉讼监督规则（试行）》第四十一条、第八十三条（现为《人民检察院民事诉讼监督规则》第三十七条、第八十一条）

2. 虚假诉讼案件中能否允许当事人撤回起诉

——郑某斌等 9 人虚假诉讼跟进监督案

关键词

再审检察建议　抗诉　失信惩戒　跟进监督

要旨

债权人在债务人无力偿还个人借款的情况下，依据债务人伪造的新借据向他人主张权利，并在庭审上虚假陈述，骗取人民法院民事判决书，妨碍司法秩序，构成虚假诉讼。因检察机关监督而再审的，人民法院准予原告撤回起诉确有错误。检察机关应当依法跟进监督，督促法院对案涉诉讼失信行为予以惩戒，发挥个案的警示教育作用。

基本案情

范某传与常青公司四分公司负责人范某浩系叔侄关系，其二人自 1999 年至 2008 年以常青公司资质和名义承揽建筑项目。2008 年 12 月，范某传挂靠其他建筑公司从事项目承建。2010 年至 2013 年，范某传因工程项目需要资金周转，以个人名义从郑某斌等人处借款并出具借据。2014 年七八月，因无力偿还个人借款，范某传向郑某斌等出借人出具私自加盖常青四分公司公章及公司负责人范某浩私章的新借据，借款金额、借款时间、借款利息等其他内容保持不变。随后，范某传通过提供代理律师、缴纳诉讼费用等方式，指使郑某斌等人持该新借据向人民法院提起民事诉讼。2014 年 12 月，郑某斌、李某展、范某升等 11 人将常青四分公司、常青建设集团诉至合肥高新技术产业开发区人民法院，称常青四分公司从郑某斌等 11 名出借人处借款共计 597 万元，并出具借支单或借条，借据上加盖了常青四分公司财务专用章和负责人范某浩个人印章，请求判令常青四分公司、常青建设集团偿还其借款本金及利息。2016 年 12 月，除李某展在一审中撤回起诉、范某升自认借款系范某传个人借款被判败诉外，郑某斌等 9 人的诉讼请求最终被合肥市中级人民法院作出的生效民事判决支持。

常青建设集团收到一审民事诉状后，认为上述 11 起民间借贷自己毫不知情，相关民事诉讼涉嫌诈骗，向合肥市公安局经济开发区分局报案。2015 年 6 月 2 日，该分局以范某传及相关债权人的行为属于民事欺诈为由作出不予立案的决定。常青建设集团向合肥高新技术产业开发区人民检察院申请立案监督。经检察机关监督，2017 年 7 月 28 日公安机关决定立案侦查。2018 年 5 月 30 日，合肥高新技术产业开发区人民检察院以范某传涉嫌虚假诉讼罪向合肥高新技术产业开发区人民法院提起公诉。2018 年 8 月 20 日，一审人民法院判决范某传犯虚假诉讼罪，判处有期徒刑 9 个月，并处罚金 3 万元。合肥检察机关以一审判决量刑畸轻为由向合肥市中级人民法院提出抗诉。2018 年 12 月 19 日，合肥市中级人民法院以虚假诉讼罪改判范某传有期徒刑 4 年，并处罚金 5 万元。

检察机关监督情况

（一）再审检察建议监督

在范某传涉嫌虚假诉讼罪一案提起公诉后，合肥市人民检察院依职权对相关民事案件进行了审查。经审查确认虚假诉讼事实后，2018 年 9 月 14 日，合肥市人民检察院向合肥市中级人民法院提出再审检察建议，认为范某传指使他人以捏造的借据提起民事诉讼，妨碍司法秩序并严重侵害公司的合法权益，构成虚假诉讼，建议人民法院启动再审程序。2018 年 11 月 7 日，合肥市中级人民法院复函对上述民事案件决定按审判监督程序处理。再审过程中，郑某斌等 9 人申请撤回起诉，合肥市中级人民法院认为，郑某斌等人撤回起诉的请求，不损害国家利益、社会公共利益和他人合法权益，遂于 2018 年 12 月作出民事裁定，准许撤回起诉。

（二）跟进抗诉监督

审查过程 安徽省人民检察院了解上述案件处理情况后，认为撤诉处理明显不当，遂要求合肥市人民检察院依职权受理，并查明范某传指使郑某斌等人持伪造的借据提起民事诉讼，致被害单位常青公司为应诉支出律师代理费、案件受理费、鉴定费等合计约 30 余万元。原民事判决生效后，郑某斌等人申请强制执行，常青公司作为被执行人上传至中国执行信息公开网，长达一年多不能参与招投标和申请金融贷款。此外，郑某斌等人在原审期间作虚假陈述，误导人民法院作出错误判决。

监督意见 2019 年 11 月 4 日，安徽省人民检察院作出皖检民（行）监〔2019〕340000000315—323 号民事抗诉书向安徽省高级人民法院提出抗诉，主要理由如下：

1. 郑某斌等 9 人受范某传指使并积极参与以伪造的借据提起民事诉讼，妨碍司法秩序，严重侵害他人的合法权益，且范某传犯虚假诉讼罪一案的刑事判决已经认定郑某斌提起的原审民间借贷诉讼系虚假诉讼。郑某斌等人的虚假诉讼行为违反了民事诉讼的诚实信用原则，扰乱了司法秩序，破坏了司法权威和司法诚信，直接损害国家利益、社会公共利益及他人合法权益，应该受到法律的否定性评价，并依法予以惩戒，进而维护诉讼环境的纯洁性。

2. 对郑某斌等 9 人在再审期间提出的撤诉申请，人民法院应对其进行严格审查，确认涉案诉讼为虚假民间借贷诉讼，并依据法律规定对撤诉申请不予准许，同时依法判决驳回其诉讼请求，对制造参与虚假诉讼的违法行为人依法予以惩戒。原审人民法院置明确的强制性法律规定于不顾，怠于履行惩戒虚假诉讼的裁判义务，不合理劝导对方当事人同意郑某斌的撤诉申请，错误认定本案的撤诉行为“不损害国家利益、社会公共利益、他人合法权益”，进而作出准予撤诉的民事裁定，属于适用法律明显错误。

3. 当事人申请撤诉是其处分权的行使，只要不损害“两益”和他人合法权益，对人民法院作出准予撤诉的民事裁定，的确没有监督纠错的必要。但对于制造、参与虚假诉讼的当事人作出准予撤诉的民事裁定则不同，因其以捏造事实提起的民事诉讼行为构成虚假诉讼，已损害了国家利益和社会公共利益，对该行为需要作出否定性评价，并依法予以处理，及时修复受损的国家利益，警示预防此类行为再次发生，故应当纳入审判监督程序中进行依法纠错。如果此类裁定不纳入监督范围，显然有违《民事诉讼法》第112条（现为第115条，下同）和《最高人民法院关于审理民间借贷案件适用法律若干问题的规定》第20条（现为第19条，下同）等防范和打击虚假诉讼法律和司法解释规定的立法原意，并致使立法规制目的落空。据此，对人民法院作出准许撤回损害“两益”起诉的民事裁定，不应纳入《最高人民法院关于适用〈中华人民共和国民事诉讼法〉的解释》第414条（现为第412条）规定的适用范围，而应根据《民事诉讼法》第208条（现为第215条）和《最高人民法院关于适用〈中华人民共和国民事诉讼法〉的解释》第413条（现为第411条）的规定，本案生效民事裁定属于检察机关的再审监督案件范围。唯有如此，法律关于虚假诉讼的规定才能得以统一正确实施，法律的权威和司法公信力才能在审判机关和检察机关的共同守护下得以坚定维系。

监督结果 2020年6月8日，安徽省高级人民法院作出（2020）皖民再3—11号民事判决，采纳抗诉意见，撤销原审判决和裁定，驳回郑某斌等9人的诉讼请求。人民法院再审认为：（1）范某传指使郑某斌等9人提起的本案原审民事诉讼构成虚假诉讼。（2018）皖01刑终637号刑事判决认定范某传的犯罪事实，一是伪造借据向包括郑某斌在内的9名出借人出具私自加盖常青四分公司公章及范某浩私章的新借据；二是提供代理律师、缴纳诉讼费用，指使包括郑某斌在内9名出借人持盖章的新借据向人民法院提起民事诉讼。本案原审中，郑某斌等9人受范某传指使，持范某传伪造的借据以本人名义向常青公司、常青四分公司提起的民事起诉，与生效刑事判决认定的范某传虚假诉讼犯罪行为，属于同一事实，足以认定本案原审中以郑某斌等9人名义所提起的诉讼，构成虚假诉讼。（2）郑某斌等9人受范某传指使实施虚假诉讼，主观上存在过错。范某传既以常青四分公司名义出具借支单，又提供代理律师并缴纳诉讼费用，指使郑某斌等9人起诉常青公司、常青四分公司，足以认定其行为损害常青公司、常青四分公司利益，亦足以形成对其出具案涉借支单是否具有代理或代表权限的合理怀疑。郑某斌等9人亲历范某传相关行为，对此应当形成认识。郑某斌等9人对其起诉所主张的债权，不属于善意相对人，不具有信赖利益，其受范某传指使起诉，对本案虚假诉讼的发生存在过错。（3）对于虚假诉讼应依法处理。本案认定郑某斌等9人起诉构成虚假诉讼，符合查明的事实，符合其行为性质。根据《民事诉讼法》第112条规定、《最高人民法院关于审理民间借贷案件适用法律若干问题的规定》第20条第1款等规定，对于查明属于虚假诉讼的，不应准许当事人撤诉，应当驳回诉讼请求。合肥市中级人民法院再审裁定准许郑某斌等9人撤回起诉，适用法律错误。

同时认为，郑某斌等9人受范某传指使提起诉讼，存在恶意串通，误导原审人民法院作出与客观事实不一致的判决，其行为妨害民事诉讼秩序，构成虚假诉讼，依法应给予惩戒。遂于同年6月24日，决定对郑某斌等9名起诉人分别给予2000元至20000元不等的罚款惩戒。对于代理律师决定给予罚款20000元的处罚，并就代理律师参与虚假诉讼的违法问题，向省司法厅、省律师协会发出司法建议。此外，郑某斌等人还向常青公司自愿赔偿律师费等直接经济损45万元。

类案检察建议 案件办理过程中，安徽人民省检察院经初步排查，发现全省有20余件虚假诉讼案件存在类似处理方式，即通过检察监督启动再审程序后，违法行为人提出撤诉申请，有关人民法院未能充分认识虚假诉讼对司法秩序和社会诚信的危害性，遂作出准许撤诉的裁定，而未采取针对性惩戒措施。安徽省人民检察院决定对2017年至2019年全省检察机关办理的1000余件虚假诉讼监督案件进行梳理分析，发现人民法院存在需要关注和解决的共性问题。2019年12月26日，安徽省人民检察院向安徽省高级人民法院提出检察建议，针对梳理发现的人民法院在办理虚假诉讼存在的思想认识不足、准许违法行为人撤回起诉等共性问题，建议该院并指导全省各级人民法院提高防治虚假诉讼的思想认识；压实防治虚假诉讼的司法责任；加强审判管理，加大虚假诉讼全方位的甄别审查力度；严格落实法律和司法解释有关虚假诉讼认定和处理规定；完善协作机制，形成防范打击虚假诉讼合力。安徽省高级人民法院高度重视检察建议，专门召开落实检察建议对接会暨虚假诉讼研讨会，就虚假诉讼的危害性及如何防范和惩治达成共识，并印发《关于认真做好防范与制裁虚假诉讼工作的通知》。2020年5月20日，安徽省高级人民法院制定《关于在民事诉讼中防范与制裁虚假诉讼的工作指引（试行）》，采纳检察建议有关内容，为防范和制裁虚假诉讼审判工作提供精细指导。在省委政法委的支持下，安徽省人民检察院与省高级人民法院、省公安厅、省司法厅会签《关于防范和惩治虚假诉讼的指导意见》，从制度机制上明确虚假诉讼认定范围和处理规则，细化协同防范和惩治虚假诉讼的举措，着力在精准有效打击虚假诉讼方面凝聚共识和合力，补强司法诚信这块短板，推动完善社会诚信体系建设。

典型意义

1. 虚假诉讼损害国家利益和社会公共利益，检察机关对此应当依法监督。民事诉讼程序作为人民群众救济合法权益和解决纠纷的重要渠道，是社会公平正义的“最后一道防线”。司法实践中，有的行为人为谋取非法利益，通过双方恶意串通或单方捏造，采取伪造证据、虚假陈述、隐瞒事实等手段，虚构民事纠纷，骗取人民法院作出错误裁判，构成虚假诉讼。民事虚假诉讼作为一种严重的诉讼失信行为，已超出私益处分的范畴，其危害性不仅在于损害他人合法权益，更在于其虚假性的本质对司法秩序和权威的严重侵蚀，对社会诚信体系的极大破坏，实质上已损害了国家利益和社会公共利益，应受到法律的否定评价。

2. 检察机关应综合运用再审检察建议、跟进抗诉、类案检察建议等方式对民事虚假诉讼案件进行精准监督。检察机关发现虚假诉讼案件要依职权受理，重点对案件中伪造证据、虚假陈述等捏造事实的手段开展调查核实工作，确属虚假诉讼案件的，要向同级人民法院提出再审检察建议，及时监督人民法院纠正错误的裁判。对人民法院不采纳或启动再审后处理不当的，应及时跟进抗诉，督促惩戒违法行为人。对存在的共性问题，可以提出类案检察建议，推动人民法院完善防范和打击虚假诉讼审判工作，堵塞制度管理漏洞。同时注重沟通协调，促成建立虚假诉讼联合防范、发现和制裁机制，实现双赢多赢共赢。

3. 检察机关应对涉民营企业虚假诉讼进行全方位全流程监督，为民营经济健康发展营造良好的法治环境。实践中，民营企业因参与市场环节交易多、风险控制意识不到位等原因，经常涉诉并背负巨额债务，深受虚假诉讼之害。本案中，为切实保护民营企业合法权益，帮助常青建设集团及时走出困境，一方面，检察机关通过三级检察机关协力监督，引导公安机关侦查，还公司“清白”，同时还在监督中查明了范某传等人的虚假诉讼行为已给常青建设集团造成严重经济损失，依法追究其刑事责任；另一方面，及时启动系列民事生效裁判案件的监督工作，督促人民法院纠正错误裁判，不仅使涉案原告的诉讼失信行为得到惩戒，还促使其赔偿了企业因虚假诉讼产生的经济损失。通过个案的全流程法律监督，实现了全方位维护民营企业的合法权益，为民营经济健康发展提供了坚强的检察保障、法治保障。

4. 检察机关把弘扬社会主义核心价值观贯穿于履职全过程，以维护司法诚信引领社会诚信体系建设。虚假诉讼背离诚信原则，检察机关作为法律监督机关，应当积极发挥职能作用，防范和惩治虚假诉讼。可以采取个案监督的方式，加大对虚假诉讼等失信违法行为的惩戒力度，发挥司法裁判和法律监督对失信行为的评价指引作用。还可以采取向有关部门发送检察建议、监督工作情况通报、汇报等方式，堵塞诚信制度的规制漏洞，促成司法机关和行政管理部门协同发力共治虚假诉讼，以司法诚信引领推动社会诚信长效机制建设，助力社会治理创新能力和水平的提升。

（安徽省人民检察院　李卫东、张传广）

相关规定

1. 《中华人民共和国民法典》第一条、第七条、第八条

2. 《中华人民共和国民事诉讼法》第十三条、第一百一十二条、第二百条、第二百零八条第二款（现为第十三条、第一百一十五条、第二百零七条、第二百一十五条第二款）

3. 《最高人民法院关于适用〈中华人民共和国民事诉讼法〉

的解释》第四百一十三条（现为第四百一十二条）

4.《最高人民法院关于审理民间借贷案件适用法律若干问题的规定》第二十条（现为第一十九条）

3. 虚构借贷事实的诉讼如何监督

——镇江某金属材料贸易有限公司企业借贷纠纷案

关键词

生效裁判结果监督　抗诉　债务转移　执行回转

要旨

当事人恶意串通、虚构债务，骗取法院调解书，并在执行过程中通过以物抵债的方式将房产和土地“合法”转移，侵害他人合法权益，损害司法秩序，构成虚假诉讼。检察机关应当从交易和诉讼中的异常现象出发，追踪利益流向，查明当事人之间的通谋行为，依法予以监督。

基本案情

2012年9月，镇江某金属材料贸易有限公司（以下简称某金属材料贸易公司）持2张借条、38张付款凭证向镇江市中级人民法院提起诉讼，要求镇江某五金电子有限公司（以下简称某五金电子公司）归还借款4874.38万元及利息等。该院于2012年11月作出（2012）镇商初字第84号民事调解书，内容为：（1）某五金电子公司欠某金属材料贸易公司借款本金4874.38万元，于2012

年11月15日前偿还某金属材料贸易公司500万元。自2012年12月起，每月15日之前归还某金属材料贸易公司300万元，直至欠某金属材料贸易公司本金4874.38万元还清为止。(2)某五金电子公司自2012年6月10日起至本金还清之日止，按照月息2%计算，支付某金属材料贸易公司利息，利随本清。(3)如某五金电子公司未能按上述期限足额还款付息，某金属材料贸易公司有权就某五金电子公司所欠全部本金及利息申请人民法院强制执行。

因某五金电子公司未履行调解书确定的给付义务，某金属材料贸易公司随即向该院申请强制执行，该院对某五金电子公司位于某处的国有土地使用权及两幢房产予以查封，并进行司法拍卖，因无人登记竞买而流拍。后某五金电子公司与某金属材料贸易公司达成以物抵债协议，一致确认：截至2014年3月，某五金电子公司欠某金属材料贸易公司本息、诉讼费合计7030.13万元，双方愿以上述财产按流拍价5126.15万元抵偿相应数额的债务；对于剩余债权，某金属材料贸易公司同意暂不继续执行某五金电子公司的其余资产，待其效益好转后再要求其偿还。2014年4月，该院作出（2013）镇执字第156－1号执行裁定书，裁定：(1)将某五金电子公司所有的上述财产作价5126.15万元，交付某金属材料贸易公司抵偿（2012）镇商初字第84号民事调解书确定的相应数额的债务。财产权自裁定送达某金属材料贸易公司时起转移。(2)某金属材料贸易公司可持裁定书到有关机构办理相关产权过户登记手续。(3)本次执行程序终结，待某五金电子公司经济状况好转，有财产可供执行时，某金属材料贸易公司可以重新申请强制执行。

检察机关监督情况

线索发现 2016 年，检察机关在走访镇江市人大代表、江苏某建设集团有限公司（以下简称某建设公司）法定代表人金某时发现该案线索。金某称，某建设公司为某五金电子公司建设了上述房产中的一幢，因某五金电子公司欠付工程款，某建设公司于 2013 年 5 月将某五金电子公司诉至镇江市中级人民法院，该院于 2014 年 12 月作出（2013）镇民初字第 31 号民事判决，判令某五金电子公司赔偿经济损失共计 1041.05 万元。因某五金电子公司此时已无财产可供执行，某建设公司债权全部未获清偿，造成某建设公司拖欠工人工资、因无力支付材料款被人民法院纳入失信被执行人名单、限制参加投标等严重后果。金某认为，某建设公司对其建造的房产享有优先受偿权，但某五金电子公司已通过（2012）镇商初字第 84 号案件转移了财产，其怀疑某金属材料贸易公司与某五金电子公司的债权债务是虚假的，请求检察机关依法监督。经查阅调解案件的审判及执行卷宗，检察机关初步梳理出以下疑点：一是该案诉讼标的巨大，但某金属材料贸易公司与某五金电子公司均为代理律师出庭，双方法定代表人均未参加庭审；二是庭审无对抗性，某五金电子公司对某金属材料贸易公司主张的事实、证据及诉讼请求全部认可，庭审过程异常简单，双方代理人均请求法庭调解结案；三是案件快速进入执行程序，最终以物抵债方式结案。

调查核实 因本案符合民事虚假诉讼主要特征，且涉案金额巨大，严重损害民营企业合法权益，检察机关开展了以下调核实工作：一是通过银行查询 38 张付款凭证中款项的流向，发现某金属材料贸易公司款项进入某五金电子公司账户后，在将近 20

个公司账户间流转。二是向市场监管部门查询所涉全部公司工商登记资料，查明某金属材料贸易公司2012年成立时注册资本为50万元，实收资本仅为10万元，2012年度利润为负；江某为某五金电子公司时任法定代表人，同时为其他两家公司法定代表人、三家公司股东。三是向公安机关查询上述公司主要人员之间的社会关系，发现江某前妻、儿媳、弟弟、弟媳、堂侄及员工分别为其他数家公司法定代表人和股东。四是向税务部门查询某金属材料贸易公司和某五金电子公司的纳税信息，查明某金属材料贸易公司自成立至今无缴税记录，2014年8月起被税务机关纳入“非正常户”；某五金电子公司自2015年6月以来无缴税记录，2015年10月起被税务机关纳入“非正常户”。五是委托检察技术部门对4874.38万元资金来源和去向进行鉴定，根据技术部门出具的10份司法会计检验报告，某金属材料贸易公司向某五金电子公司支付的款项中，有4500余万元来源于江某实际控制的某公司账户，上述款项经多家公司账户流转后，至少有4300余万元返回了原来账户，另有200余万元进入了江某个人账户。六是询问某金属材料贸易公司代理律师朱某和时任法定代表人黄某，朱某承认其与某五金电子公司代理人赵某曾在同一律所共事且两人以“师徒”相称，该案系赵某交其代理，其自始未与某金属材料贸易公司接触，诉讼过程只是走形式，调解协议在起诉前就已达成；黄某承认，本案系江某借用某金属材料贸易公司名义提起的诉讼。

监督意见 2017年1月11日，镇江市人民检察院就（2012）镇商初字第84号民事调解书，向江苏省人民检察院提请抗诉，认为某金属材料贸易公司与某五金电子公司之间的借款关系并未真实发生，本案构成虚假诉讼，应当依法纠正。首先，某金属材料贸易公司当时并无出借该笔款项的能力。其次，至少有4300余万元款项已回到原来公司账户，另有235万元进入江某个人账户。最后，某金属材料贸易公司委托代理人承认某金属材料贸易公司与某五金电子公司事先串通，本案诉讼只是走过场，某金属材料贸易公司时任法定代表人亦承认当时与某五金电子公司之间无经济往来。江苏省人民检察院于2017年11月28日以苏检民（行）监〔2017〕32000000090号民事抗诉书向江苏省高级人民法院提出抗诉。

监督结果 2020年5月13日，江苏省高级人民法院作出（2019）苏民再15号再审裁定，认为本案构成虚假诉讼，裁定撤销镇江市中级人民法院（2012）镇商初字第84号民事调解书，驳回某金属材料贸易公司的起诉，并将案件线索移送公安机关。镇江市中级人民法院于2020年6月11日作出（2013）镇执字第156号执行回转裁定，并于2020年6月17日查封原以物抵债土地和房屋。

典型意义

1. 敏于发现诉讼异常，及时获取虚假诉讼案件线索。对于案件中存在的异常现象，检察机关应保持敏锐性，善于发现虚假诉讼线索。本案中，检察机关通过审查案件材料，发现存在庭审无对抗性、双方代理人均请求调解结案、案件快速进入执行程序等疑点，经过分析研判，认为案件存在虚假诉讼的高度可能，及时依职权受理案件。虚假诉讼不仅侵害他人合法权益，亦妨碍司法秩序，损害司法公信，检察机关应提高线索发现能力，加强对此类案件的法律监督。

2. 充分运用调查核实权，查明虚假诉讼案件真相。因虚假诉讼具有较强的隐蔽性和欺骗性，仅从诉讼活动表面难以甄别，检察机关应依法开展调查核实，查明案件真相。本案中，检察机关综合运用查询工商信息、纳税情况、户籍资料，调取银行流水清单，委托鉴定，询问知情人等调查措施，有步骤地开展调查核实工作，最终查明虚假诉讼的事实。

3. 充分发挥民事检察监督职能，助力法治化营商环境建设。检察机关通过监督启动再审程序，为合法经营、诚实守信企业提供了权利救济渠道。本案再审改判后，镇江市检察机关在持续关注民营企业在经济发展过程中的实际需求、为民营企业提供法律服务的同时，主动与人民法院沟通联系，共同商讨案件执行回转事宜。在检察机关的推动下，人民法院已作出执行回转裁定，查封涉案土地和房产。检察机关通过依法办理涉及民营企业权益的民事诉讼监督案件，助力法治化营商环境建设。

（江苏省人民检察院　郑文海、万冰兵）

相关规定

1. 《中华人民共和国刑法》第三百零七条之一

2. 《中华人民共和国民事诉讼法》第二百零八条、第二百一十条（现为第二百一十五条、第二百一十七条）

4. 申请强制执行的虚假仲裁如何监督

——某房地产开发有限公司虚假仲裁裁决执行监督案

关键词

执行监督　虚假仲裁　股东虚构买卖合同　非诉执行

要旨

控股股东为谋取非法利益，通过操纵作为当事人的公司虚构货物买卖合同，进行虚假仲裁，骗取仲裁文书并申请法院强制执行，实现侵占公司财产的非法目的，属于较为隐蔽和易于被忽视的虚假诉讼形式。检察机关办理虚假非诉执行案件应当加大依职权监督的力度，找准办理虚假非诉案件的突破口，加强与公安机关、法院等单位的沟通与协调，全面对案件的基础法律关系进行调查核实，精准监督，切实维护社会诚信和司法公信力。

基本案情

2012年6月29日，刘某生通过股权转让持有某房地产开发有限公司（以下简称某房产公司）70%股权。某工贸公司法定代表人肖某有与刘某生系多年合作伙伴和好友，经肖某有同意，2012年8月28日，刘某生为达到挪用和侵占某房产公司资金目的，操纵某房产公司和某工贸有限公司（以下简称某公司）签订《电梯产品买卖合同》，约定由某房产公司向某公司购买一批蒂森克虏伯电梯，电梯款共计人民币2658.9万元。付款方式为某房产公司应于合同订立后7日内向某公司或某公司指定账户支付人民币2000万元，并详细约定了双方的权利义务及其他相关事项。合同订立后，某房产公司依约支付2000万元电梯款。某公司收到款项后并未按约定向某房产公司提供电梯。后经与某公司交涉，某公司同意退款，双方分别于2013年3月16日和2014年11月6日订立《协议》及《补充协议》，就退款事宜进行了约定，但某公司并未依约履行付款义务。2015年11月25日，某房产公司向湛江仲裁委员会提出仲裁申请，请求某公司偿还所欠电梯款2000万元及利息。湛江仲裁委员会于2015年12月4日作出（2015）湛仲字第188号裁决书，裁决某公司于裁定生效之日起10日内向某房产公司偿还所欠电梯款2000万元及利息。2017年4月5日，某房产公司向海南省第二中级人民法院申请强制执行，要求某公司履行湛江仲裁委员会（2015）湛仲字第188号裁决书所确定的付款义务，即向某房产公司支付2000万元及利息。2017年5月8日，法院作出（2017）琼97执00000086号执行通知书和（2017）琼97执86号报告财产令，分别责令某公司向某房产公司支付案款2000万元及利息和责令某公司在收到此令后10日内，如实报告当前以及收到执行通知之日前一年的财产情况。2017年7月28日，法院作出（2017）琼97执86号执行决定书，决定将某公司纳入失信被执行人名单。2017年9月4日，法院作出（2017）琼97执86号执行裁定，裁定终结湛江仲裁委员会（2015）湛仲字第188号裁定书的本次执行程序，并于2017年9月6日作出（2017）琼97执

86号限制高消费令，决定对某公司及其法定代表人采取消费限制措施。之后，某房产公司将该2000万元款项作为坏账处理，该公司控股股东刘某生通过上述仲裁、执行运作，借助某公司占用了该2000万元电梯款。

检察机关监督情况

审查过程 2019年11月，海南省人民检察院依职权发现该案执行依据存在虚假仲裁问题，转由海南省人民检察院第二分院办理。

海南省人民检察院第二分院对案件线索进行认真梳理，全面审查和调取证据材料，依法深入调查核实。一是多次与公安机关、法院协调沟通，争取公安机关和法院对办案的支持与配合，并从公安机关调取某房产公司控股股东刘某生涉嫌虚假仲裁犯罪的事实证据材料以及从法院调取全部执行卷宗。二是在掌握充分的证据材料的基础上，召集检察官办案组人员，深入讨论案件、逐一审查和核实证据材料，明确以刘某生操纵仲裁的事实作为办案方向，对相关证据材料进行全面、深入细致的调查核实。经审查发现，2012年6月29日，刘某生通过股权转让持有某房产公司70%股权。2012年8月28日，刘某生操纵某房产公司法定代表人牟某斌与某公司员工梁某辉签订虚构的《电梯产品买卖合同》。某房产公司依约支付2000万元电梯款后，刘某生通过私下运作，以该2000万元电梯款是其个人财产为由将该2000万元电梯款用于其项目建设及供其私人使用。2015年11月24日，刘某生认为通过虚假诉讼可以达到挪用电梯款和缓交某房产公司应预交的当季度企业所得税的目的，就操纵某房产公司法定代表人牟某斌向湛江仲裁委员会申请仲裁。湛江仲裁委员会于2015年12月4日作出（2015）湛仲字第188号裁决书，裁决某公司于裁定生效之日起10日内向某房产公司偿还所欠电梯款2000万元及利息。

监督意见 海南省人民检察院第二分院经审查认为，根据《民事诉讼法》第235条（现为第242条）以及《最高人民法院、最高人民检察院关于民事执行活动法律监督若干问题的规定》第3条、第7条规定，人民检察院有权对民事执行活动实行法律监督。人民检察院对人民法院执行生效民事判决、裁定、调解书、支付令、仲裁裁决以及公证债权文书等法律文书的活动实施法律监督。具有造成重大社会影响或需要跟进监督情形的民事执行案件，人民检察院应当依职权进行监督。本案中，刘某生为达到挪用和侵占公司资金目的，利用其在某房产公司控股股东的地位，滥用股东权利，捏造某房产公司与某公司的买卖合同关系，并隐瞒虚构买卖合同的事实进行虚假仲裁，向法院申请仲裁执行，导致法院执行该虚假仲裁裁决，损害了某房产公司及其他股东的合法权益，损害了司法权威和公信力，造成重大社会影响，法院应当依法核实（2015）湛仲字第188号裁决，并依法纠正与（2015）湛仲字第188号裁决相关的执行活动。经检察委员会讨论决定，根据《民事诉讼法》第208条第2款（现为第215条第2款）的规定，向海南省第二中级人民法院发出检察建议书，建议法院依法纠正（2017）琼97执00000086号执行通知书、（2017）琼97执86号执行决定书、（2017）琼97执86号限制高消费令、（2017）琼97执86号执行裁定书以及其他与（2015）湛仲字第188号裁决相关的执行活动。

监督结果 2020年1月13日，海南省第二中级人民法院作出（2020）琼97执监1号执行裁定书，裁定：不予执行湛江仲裁委员会（2015）湛仲字第188号裁决书；撤销（2017）琼97执00000086号执行通知书、（2017）琼97执86号执行决定书、（2017）琼97执86号限制高消费令、（2017）琼97执86号执行裁定书。

典型意义

1. 控股股东为谋取非法利益，通过操纵作为当事人的公司虚构事实，进行虚假仲裁，并向法院申请执行虚假仲裁裁决，严重侵害他人合法权益，扰乱诉讼秩序，损害司法权威，属于较为隐蔽和易于被忽视的虚假诉讼形式。以规避法律、法规或国家政策谋取非法利益为目的，通过恶意串通或虚构事实，借用合法的民事程序，侵害国家利益、社会公共利益或者案外人的合法权益的诉讼行为，符合《最高人民法院关于防范和制裁虚假诉讼的指导意见》第1条规定的虚假诉讼一般构成要素的情形，应当认定属于虚假诉讼。特别是公司作为当事人，控股股东背后操纵公司虚构事实或隐瞒真相，利用民商事仲裁自愿性突出、独立性强、保密性好、快捷经济等特点，通过仲裁程序使虚假法律关系合法化，从而通过法院非诉执行实现非法目的。此类案件具有一定的隐蔽性，检察机关应当加大监督力度，及时介入虚假诉讼案件，切实维护司法权威和司法公信力。本案中，刘某生利用其在某房产公司控股股东的地位，捏造某房产公司与某公司的买卖合同关系，并隐瞒虚构买卖合同的事实进行虚假仲裁，骗取法院执行虚假的仲裁裁决，达到挪用和侵占公司资金目的，严重侵害他人合法权益，扰乱正常的诉讼秩序。

2. 检察机关办理虚假诉讼监督案件，应当主动加强依职权监督力度，在全面审查案件事实的基础上，找准办理虚假诉讼案件的突破口。检察机关在履行职责过程中发现此类虚假仲裁非诉执行案件线索后，在相关当事人并未就虚假仲裁执行案向检察机关申请监督的情况下，应当依职权进行监督，用好调查核实权，以监督仲裁裁决的非诉执行为切入点，主动作为，在深入审查案件基础法律关系事实的基础上，找准办理虚假仲裁案件的关键点和突破口。本案就是检察机关依职权主动监督，以全面调查核实某房产公司控股股东刘某生操纵虚假仲裁行为作为突破口，组成办案组，集中攻关，顺利办结该起虚假诉讼案。

3. 检察机关应当高度重视虚假诉讼监督案件的办理，加强协作，深入调查核实，全面掌握虚假诉讼监督案件的证据材料。检察机关应当高度重视办理虚假诉讼监督案件，积极与公安机关、法院等单位加强沟通协调，达成共识，取得支持与配合。通过与公安机关合作，加快对虚假仲裁案件线索深入排查、审查、核查，夯实虚假仲裁案件的证据；与法院及时沟通，抓住调查核实的关键点，明确并及时调整调查方向。通过深入调查核实，掌握翔实的案件证据材料，实现对虚假仲裁非诉执行案件的精准监督，确保了办案效率和办案质量。本案的成功办理就是从案件线索发现、案件审查、发出检察建议到检察建议的全部被采纳的整个过程，加强与公安机关、法院的沟通协作，确保了办案效率和办案质量，不仅维护了其他小股东合法权益，更维护了司法权威和公信力，取得较好的办案效果。

（海南省人民检察院第二分院　王播、刘子金）

相关规定

1.《中华人民共和国民事诉讼法》第二百三十五条、第二百三十七条（现为第二百四十二条、第二百四十四条）

2.《人民检察院民事诉讼监督规则（试行）》第四十一条（现为《人民检察院民事诉讼监督规则》第三十七条）

3.《最高人民法院、最高人民检察院关于民事执行活动法律监督若干问题的规定》第三条、第七条

5. 小股东的权益如何保护

——广东某节能科技公司买卖合同纠纷案

关键词

生效裁判结果监督　维护股东合法权益　挽回民营企业经济损失　抗诉

要旨

以谋取非法利益为目的，恶意串通，虚构事实，并借用合法的民事程序，侵害公司股东合法权益，造成民营企业经济损失的行为，不仅严重破坏了社会诚信，扰乱了正常的诉讼秩序，更损害了司法权威和司法公信力，检察机关应及时依法纠正。

基本案情

2014年7月23日和7月30日，佛山某金属材料公司（以下简称某材料公司）、博罗县某五金公司（以下简称某五金公司）分别与广东某节能科技公司（以下简称某节能公司）各签订了一份《环保板材购销合同》，合同内容均为某节能公司在接受了对方的500万元定金后需于一定期限内交付一批木香板，否则双倍返还定金，并约定诉讼地为云浮市云安区。合同签订后，某材料公司、某五金公司依约在2014年10月13日至2014年10月16日期间分多次通过网上银行转账的方式将各500万元转入某节能公司账户。某节能公司在收到上述款项后，并未能在约定期限内向某材料公司交付货物。2015年1月29日，某材料公司、某五金公司将某节能公司诉至云浮市云安区人民法院，要求双倍赔偿定金共2000万元。

2015年5月29日，云浮市云安区人民法院作出（2015）云安法民二初字第23号判决书，判决：某节能公司于判决发生法律效力之日起10日内双倍返还某五金公司定金1000万元；案件受理费81800元，由某节能公司负担。2015年6月23日，云浮市云安区人民法院作出（2015）云安法民二初字第24号判决书，判决：某节能公司于判决发生法律效力之日起10日内双倍返还某材料公司定金1000万元；案件理费81800元，由某节能公司负担。两案一审判决作出后，双方当事人没有上诉，判决均已生效，并于同年10月28日进入执行程序。

检察机关监督情况

线索发现 因利益受损，某节能公司其他股东到公安机关报案，称某五金公司、某材料公司存在合同诈骗行为。公安机关于2016年4月1日对某节能公司董事长钟某学、某节能公司法定代表人陈某泉、某材料公司法定代表人杨某锋等人以涉嫌合同诈骗罪立案侦查，2017年4月25日云浮市云安区人民检察院侦查监督科将相关线索移送该院民事行政检察科，遂依职权进行立案监督。

调查核实 云浮市云安区人民检察院审查查明：某节能公司法定代表人为陈某泉，董事长为钟某学。某五金公司和某材料公司的法定代表人均为杨某锋，同时两家公司的实际控股东均包括钟某，而钟某与钟某学实际上为同一人（一个为香港身份证姓名，另一个为内地身份证姓名）。

2014年7月23日，陈某泉和杨某锋受钟某学的安排，在不清楚合同具体内容的情况下，分别代表某节能公司和某材料公司签订了虚假《环保板材购销合同》。同年7月30日，陈某泉和杨某锋以相同理由，分别代表某节能公司和某五金公司签订了《环保板材购销合同》。

2014年10月13日至2014年10月16日期间，钟某学通过钟某账户向某五金公司和某材料公司转入资金，随即某五金公司和某材料公司将该笔资金作为购货定金转入某节能公司账户，购货定金转入某节能公司账户后，立即以还款名义转至佛山市某投资有限公司（以下简称某投资公司）账户，某投资公司随即以还款名义转至冯某霞的个人账户，再由冯某霞个人账户支付到陈某祥、冯某妹的账户，最后由陈某祥、冯某妹账户转到钟某账户的方式多次进行循环转账操作，造成某五金公司、某材料公司已分别支付500万元购货定金给某节能公司的假象。经查，冯某霞是钟某学的前妻、某投资公司的控股股东和法定代表人，陈某祥和冯某妹分别是陈某泉的父母。合同履行期间，某节能公司尚不具备生产能力。2014年10月24日，陈某泉向广东电网有限责任公司佛山三水供电局申请停止对某节能公司的供电。2015年1月29日，在钟某学的安排下，杨某锋分别以某五金公司和某材料公司名义向云浮市云安区人民法院起诉某节能公司违约，要求双倍返还定金共2000万元。

监督意见 2017年7月26日，云浮市云安区人民检察院向云浮市人民检察院提请抗诉。2017年9月26日，云浮市人民检察院向云浮市中级人民法院提出抗诉，认为某节能公司董事长钟某学以谋取非法利益为目的，恶意串通，虚构事实，并借用合法的民事程序，在背后操纵制造虚假诉讼系列案，侵害公司股东合法权益，造成民营企业经济损失，扰乱了正常的诉讼秩序，损害了司法权威和司法公信力。

监督结果 2017 年 11 月 30 日，云浮市中级人民法院分别作出（2017）粤 53 民抗 1 号、2 号民事裁定，指令云浮市云安区人民法院再审。2018 年 7 月 4 日，云浮市云安区人民法院作出（2018）粤 5303 民再 1 号、2 号民事裁定，撤销云浮市云安区人民法院（2015）云安法民二初字第 23 号、第 24 号民事判决，驳回某五金公司、某材料公司的起诉。

典型意义

1. 加强内部协作配合，形成打击虚假诉讼的合力。虚假诉讼披着合法的民事程序外衣，不易发现、不易查证、不易监督。对此，检察机关内部要加强民事、刑事检察部门在打击虚假诉讼活动中的协作配合，形成打击虚假诉讼的合力，提高办理虚假诉讼案件的质效。刑事检察因其自身制度优势，在审查相关案件时，更容易发现虚假诉讼案件线索，也更容易借助公安机关的侦查力量调查取证。本案中，刑事检察部门在履职过程中发现涉嫌虚假诉讼线索后移送民事检察部门，两部门共同研讨案情，明确办案方向，采取有效举措，从而查明了虚假诉讼的事实。

2. 主动调查核实是办理虚假诉讼案件的必然要求。调查核实是法律赋予检察机关的一项重要监督手段。在办理虚假诉讼案件时，检察机关要充分运用调查核实，用活用足各种调查手段。

厘清资金转账明细，是识别虚假诉讼的关键。本案通过调取、分析刑事案件证据，发现民事案件中未曾出现的某投资公司、冯某霞、陈某祥、冯某妹等的银行流水账户，查明案涉合同定金的走向。通过询问当事人，了解到银行流水账户的持有人均为钟某学的亲属、朋友等亲近关系或者关联企业，进而证明某五金公司和某材料公司的购货定金转入某节能公司账户，之后通过多次转账，最终进入一方大股东钟某的账户，形成当事人双方恶意串通签订虚假合同、虚假支付定金的证据闭环，为案件的抗诉、改判打下扎实的证据基础。

3. 保护股东合法权益是护航民营经济发展的应有之意。只有依法保障股东的合法权益，民营企业才能更好发展。本案是典型的公司大股东损害其他小股东合法权益案件，检察机关通过民事诉讼监督程序，帮助民营企业挽回2000万元的经济损失，有力维护了该公司小股东的合法权益；实行民事检察与刑事检察联动，加强与人民法院、公安机关协作配合，依法查办严重侵害民营企业家合法权益的违法犯罪案件，监督纠正涉及民营企业的错误判决，有助于营造公平竞争、健康有序的市场环境，护航民营经济更好发展。

（广东省云浮市人民检察院　王妮娟）

相关规定

《中华人民共和国民事诉讼法》第二百条、第二百零八条（现为第二百零七条、第二百一十五条）

6. 将非法高额利息作为借贷本金达成的民事调解是否构成虚假诉讼

——孔某民与武某云、南京某海运有限公司民间借贷纠纷再审检察建议案

关键词

再审检察建议　“套路贷”　虚假调解　调查核实

要旨

将非法高利转为本金，重新制造借款凭证，恶意垒高债务，提起诉讼后获取法院民事调解书的，构成“套路贷”型虚假诉讼。检察机关应当围绕出借人职业身份、借贷合意形成、资金交付流转、交易方式等开展调查，通过调取资金往来明细、询问证人、委托审计等措施，查明虚假诉讼事实，依法提出监督意见。

基本案情

南京某海运有限公司（以下简称某海运公司）于2004年12月登记设立，系武某云个人独资公司。2012年始，武某云因经

营需要多次向孔某民借款。2015年2月15日，孔某民与武某云、某海运公司签订借款合同，约定武某云向孔某民借款900万元用于某海运公司经营周转，月利率3%，某海运公司提供保证担保。同日，孔某民向武某云账户转账支付900万元。同年3月20日，孔某民与武某云签订借款合同，约定武某云向孔某民借款500万元，同日孔某民将500万元款项付至武某云账户。

2016年6月23日，孔某民持上述两份借款合同及付款凭证，向南京市玄武区人民法院提起诉讼。次日经法院主持调解，双方当事人达成调解协议，由武某云分期给付孔某民借款本金1400万元并按照同期贷款利率付息，某海运公司对上述全部债务承担连带责任，法院作出（2016）苏0102民初3453号民事调解书予以确认。

调解书生效后，孔某民申请强制执行。法院对武某云、某海运公司名下账户、房产等采取查封、冻结措施，将其纳入失信被执行人名单，扣划某海运公司厂房的拆迁补偿款898万元并拨付孔某民，查封该公司两部货运船舶。某海运公司因上述执行措施，经营陷入停滞。

检察机关监督情况

线索发现 2019年6月，南京市玄武区人民检察院接到武某云提出的申诉，其反映：（1）收到案涉1400万元借款当日即转回孔某民指定的账户；（2）孔某民曾多次纠集他人对武某云实施威胁、殴打等暴力讨债行为，被南京市高淳区人民检察院以寻衅滋事罪提起公诉。玄武区人民检察院认为该案涉嫌虚假诉讼，决定依职权予以受理。

调查核实 玄武区人民检察院随即开展调查核实。（1）调取了原审法院的卷宗并查阅了孔某民等人涉嫌寻衅滋事罪卷宗，发现该案立案次日双方当事人即达成调解，没有诉讼常见的对抗性；孔某民以有偿放贷为业，与武某云交易往来通过其本人及关联关系人实施，放贷计息标准达每日3‰。（2）查阅当事人及其关联关系人资金往来明细，发现武某云、某海运公司与孔某民及其关联关系人交易流水达上万条，经专业机构对双方借还款情况进行审计，自2012年始武某云向孔某民借款额累计1.59亿元，还款额累计1.75亿元，按照法律保护的最高利率标准计算，武某云还款金额超出应还本息1180万元。（3）询问孔某民及其关联关系人，查明案涉借款合同载明的1400万元借款，实为非法高额利息结转而来，孔某民为制造出借资金给付痕迹，将1400万元分多笔转至武某云账户，但武某云收款后不久即转回孔某民指定的案外人账户；孔某民多次以威胁、殴打等手段向武某云及其公司催讨债务，干扰公司正常经营秩序；原审中孔某民以承诺不申请执行等欺骗、胁迫手段，与武某云达成调解协议。

监督意见 2019年9月27日，玄武区人民检察院作出宁玄检民监〔2019〕32010200019号再审检察建议。该院认为：（1）孔某民将借贷产生的非法高额利息转为本金另行签订借款合同，并通过制造虚假出借流水、虚构借贷事实的方式，提起民事诉讼，构成虚假诉讼。（2）孔某民以虚构的借贷事实提起诉讼后，迫使武某云同意签署调解协议，获取法院民事调解书，实质上将非法高额利息予以确认，致非法债务合法化，调解内容违反法律规定，调解程序破坏正常审理秩序。建议法院依法再审本案。

监督结果 2019年11月7日，玄武区人民法院作出（2019）苏0102民再9号民事裁定书，认定孔某民在原审诉讼中，存在制造虚假银行流水、虚增债务、隐瞒还款事实等“套路贷”行为，涉嫌刑事犯罪，裁定撤销原民事调解书、驳回孔某民的起诉，并将该案涉嫌刑事犯罪线索移送公安机关处理。玄武区人民法院依法解除对武某云、某海运公司的强制执行措施，并对已扣划款项立案执行回转，某海运公司账户解封后恢复正常运营。孔某民等人因犯寻衅滋事罪被判处刑罚。

典型意义

1. 正确区分“套路贷”与借新还旧的区别。“套路贷”一般是指放贷人通过虚增借贷金额、制造虚假给付痕迹、肆意认定违约、隐匿还款证据等方式形成虚假债权债务，采用暴力、威胁或者借助诉讼等手段，实现非法获利目的的违法犯罪活动。借新还旧，一般是指借款人到期不能偿还债务，向出借人另举新债用于归还前债的行为。二者相似之处在于，借款人一般在收款后较短时间内即返还给放贷人或者出借人。放贷人将非法高利转为本金并要求对方重新出具借款凭证，为制造借款交付痕迹而转账付款，随即又收回款项的，易形成借新还旧的虚假表象，但实质上系放贷人以“利滚利”方式达到继续非法获取高利目的，属于“套路贷”情形之一。根据《最高人民法院关于审理民间借贷案件适用法律若干问题的规定》第 28 条（现为第 27 条）规定，对上述债权不予支持。实践中，应注意区分二者在合法性上的根本区别，结合调查核实情况予以甄别判断，精准打击非法高利放贷，保护合法民间借贷。需要说明的是，上述司法解释于 2020 年 8 月 19 日、2020 年 12 月 29 日历经两次修订，除保护的利率标准变化外，条文内容的基本精神未有变化。在司法解释和实践的基础上，《民法典》第680条第1款规定，“禁止高利放贷，借款的利率不得违反国家有关规定”，首次在法律层面明令禁止高利放贷行为，为进一步规制“套路贷”虚假诉讼等提供了基本遵循。

2. 办理民间借贷虚假诉讼案件应着重对资金流向等进行调查核实。检察机关应当依法行使调查核实权，围绕出借人职业身份、借贷合意形成、资金交付流转、债务催讨方式等环节，收集证据材料，查明“套路贷”虚假诉讼的具体方式和手段。实践中，职业放贷人常通过关系人代为收取款项以隐瞒收款事实。检察机关应加强对双方全部资金往来的审查，尤其注重对放贷人关联关系人的梳理，通过阅卷、询问等调查手段，确认关联关系人的范围，调取相关交易明细，进而准确查明涉案资金的流向。对于资金往来频繁、多笔借款还款情况难以对应、认定利息金额存在困难的，可委托专业机构进行审计，辅助认定当事人债权债务整体情况，夯实检察监督的证据基础。

3. 检察机关应积极履职为民营企业恢复生产纾难解困。民营企业为扩大生产经营、快速筹集资金，常通过利率更高的民间资金进行融资。但民间借贷中掺杂的高利放贷、职业放贷乃至“套路贷”现象，极易导致企业落入“融资陷阱”。生效判决进入执行程序后，企业多因被采取强制措施，生产经营易陷入困境。检察机关认真贯彻市委、市政府发布的“南京市优化营商环境100条”文件精神，畅通涉民营企业申诉绿色通道，在听取意见、调查核实、审查决定等环节提高质效，支持因“套路贷”背负巨额债务企业的监督申请，督促法院高效审理并解除强制执行措施，依法执行回转，有效保障民营企业及其投资者合法财产权，助力企业恢复正常经营秩序，切实为优化营商环境提供法治保障。

（江苏省南京市玄武区人民检察院　张伟）

相关规定

1.《中华人民共和国民事诉讼法》第二百零八条（现为第二百一十五条）

2.《最高人民法院关于审理民间借贷案件适用法律若干问题的规定》第二十八条（现为第二十七条）

3.《最高人民法院关于审理经济纠纷案件中涉及经济犯罪嫌疑若干问题的规定》（1998 年）第十一条

7. 刑事侦查阶段证据的证明力如何认定

——大悟县某纺织有限公司民间借贷纠纷虚假仲裁案

关键词

执行监督　刑民交叉　虚假仲裁　民营经济

要旨

检察机关应当破除“先刑后民”的思维定式，准确认定刑事案件侦查阶段取得证据的证明力。当事人以虚假仲裁申请执行的，检察机关应当依法及时提出检察建议，最大限度地减轻虚假诉讼给权利人带来的损害，维护司法秩序和司法权威。

基本案情

2014 年 1 月 22 日，潘某良以金华仲裁委员会（2013）金裁经字第 063 号裁决书（以下简称仲裁书）为依据，以大悟县某纺织公司有限公司（以下简称某纺织公司）为被执行人，向湖北省孝感市中级人民法院申请执行债权 536.8085 万元。

2014 年 2 月 18 日，湖北省孝感市中级人民法院作出立案决定，该案进入执行程序。该院作出（2014）鄂孝感中执字第 00004－1 号、（2014）鄂孝感中执字第 00001－6 号、（2014）鄂孝感中执字第00001－8号等系列裁定，将某纺织公司的部分房屋所有权、国有土地使用权抵偿给潘某良，潘某良领取执行案款46万元。

2014年7月10日，某纺织公司股东金鑫向公安机关报案，举报时任某纺织公司经理兼法定代表人的赵某诗与潘某良、潘某光、张某琴等人串通，利用职务之便侵占公司财产。大悟县公安局经立案侦查，于2016年7月23日依法将赵某诗刑事拘留。在侦查过程中，大悟县公安局委托会计师事务所就仲裁裁决书中所涉及的潘某良等人债权真实性问题进行专项核查，并提出司法会计鉴定意见。鉴定意见为：仲裁裁决书认定潘某良享有对某纺织公司536.8085万元的债权并不真实。

2017年2月7日，某纺织公司向湖北省孝感市中级人民法院递交《裁定不予执行申请书》和相关证据材料，但人民法院未予答复。

检察机关监督情况

审查过程 2017年2月17日，某纺织公司向湖北省孝感市人民检察院申请监督，请求督促人民法院不予执行仲裁书，并要求将已执行的土地使用权、房屋所有权和执行案款执行回转。检察机关经审查予以受理。

承办检察官通过查阅刑事卷宗材料和会计司法鉴定报告，围绕仲裁裁决中所涉536.8085万元的债权是否真实进行审查。仲裁裁决书认定，潘某良对某纺织公司享有金额为536.8085万元的债权，其主要证据是潘某良提交的与潘某光、方某光、张某琴等人的《债权转让协议书》、与某纺织公司达成的《调解协议》、银行转账凭条等证据材料。因双方对案件事实无异议、对证据材料无异议，金华仲裁委员会仅就债权金额、利息计算、优先受偿权等问题进行了审查，并未对债权来源及债权转让的真实性进行审查。会计司法鉴定报告显示，潘某良享有对某纺织公司536.8085万元的债权并不真实，涉案536.8085万元债权由以下四个部分组成：

1. 潘某光将其截至2013年1月1日对某纺织公司的债权77.1012万元于2013年1月19日转让给潘某良。经查，该笔债权系由2008年11月1日、2009年1月1日潘某光向某纺织公司出借资金17.444万元、10万元共计27.444万元，分别通过年利率24%、36%“利滚利”计算而来，但并未见债权本金27.444万元的原始凭证。

2. 方某光将其截至2013年1月1日对某纺织公司的债权253.2939万元债权于2013年1月18日转让给潘某良。经查，方某光已经向公安机关证实了“所有借款都还清了，与某纺织公司已无债权债务关系”，但赵某诗安排会计虚假记账，虚构某纺织公司欠方某光债务253.2939万元，并进行虚假的债权转让。

3. 张某琴将其截至2013年1月1日对某纺织公司的债权110.6493万元于2013年1月20日转让给潘某良。经查，张某琴并未实际向某纺织公司出借46.7014万元，因债权本金不存在，故由此计算的本息之和110.6493万元债权无依据。

4. 潘某良截至2013年1月1日对某纺织公司的债95.7460万元。经查，潘某良出借47万元给赵某诗，只有3万元用于某纺织公司生产经营，其余均为赵某诗的个人行为，系赵某诗将其向潘某良所借的高利贷债务私自出具借条并加盖公司印章转移至某纺织公司承担。某纺织公司并未收到潘某良出借的本金，故由此计算的本息之和95.7640万元债权并不成立。

仲裁中，潘某良为证明其已付给潘某光债权转让金77.1012万元、已付给张某琴债权转让金110.6493万元，向仲裁庭提交3张《转账凭条》。通过跟踪潘某良、方某光、张某琴三人相关银行流水清单，结合公安机关从银行调取的原始依据《转款凭条》等，发现3张《转账凭条》系用姚某平的77.1012万元资金，通过姚某平、潘某良、张某琴、赵某辉和潘某光的银行账户，循环转账空转形成，潘某良并未实际支付给潘某光、张某琴债权转让金。审查发现，讯问笔录、询问笔录以及会计鉴定核查报告能够与公安机关调取的某纺织公司财务账目、相关银行凭证等书证相互印证，会计司法鉴定报告作出的涉案536.8085万元债权不真实的结论证据确凿充分。涉案债权系通过虚假记账、虚构债务、高利贷利滚利计算而来，本案系潘某良等人虚构债权转让关系提起的虚假仲裁，人民法院裁定执行仲裁决存在错误。

监督意见 2017年3月27日，湖北省孝感市人民检察院向湖北省孝感市中级人民法院发出孝检民（行）执监〔2017〕42090000011号检察建议。因湖北省孝感市中级人民法院据以执行的法律文书即金华仲裁委员会（2013）金裁经字第063号裁决书所依据的证据是伪造的，根据《民事诉讼法》第237条第2款（现为第244条第2款）“……被申请人提出证据证明仲裁裁决有下列情形之一的，经人民法院组成合议庭审查核实，裁定不予执行……（四）裁决所根据的证据是伪造的……”规定，湖北省孝感市中级人民法院裁定执行该仲裁决错误，对此应予以纠正。

监督结果 2017年8月29日，湖北省孝感市中级人民法院作出（2017）鄂09执异14号执行裁定书，认为金华仲裁委作出的（2013）金裁经字第063号裁决所依据的证据经查是伪造的，涉案536.8085万元的债权并不真实，裁定不予执行金华仲裁委员会（2013）金裁经字第063号裁决。

该案于2018年10月进行执行回转程序。另外，赵某诗涉嫌职务侵占罪一案，湖北省大悟县人民法院于2018年8月15日、湖北省孝感市中级人民法院于2019年9月19日分别作出一审、二审刑事判决，均认定赵某诗职务侵占罪成立。

典型意义

1. 准确把握刑事案件侦查阶段取得的证据证明力，依法认定案件事实。刑事侦查阶段取得的证据，能否作为民事诉讼监督的证据使用，对证据资格及效力的审查是处理刑民交叉案件的难点。对刑事笔录的审查应综合证据的真实性、合法性、关联性。具体来说，一是笔录取得手段、来源的合法性，笔录文本的真实性，供述方与当事人的利害关系、笔录供述之间是否相互印证、笔录供述是否为孤证以及能否形成证据链等。二是对鉴定意见的审查应综合考虑：鉴定机构及鉴定人员是否具有法定资质，是否存在应当回避的情形，检材的来源、取得、送检等是否符合法律规定，鉴定程序是否合法，鉴定意见是否明确，鉴定意见与案件待证事实有无关联等。需要指出的是，刑事案件与民事案件的证明标准不同，刑事案件要求做到“排除合理怀疑”，民事案件是“高度可能性”标准，且民事检察监督的证据应集中在为证明原审裁判、仲裁决存在错误的证据，而非全部案件事实真相。刑事侦查阶段取得的证据在符合客观真实性、合法性、关联性要求下，即便尚未得到刑事裁判的采纳，仍可以作为民事诉讼监督的证据使用。本案中，刑事讯问笔录、询问笔录以及会计鉴定核查报告能够与公安机关调取的某纺织公司财务账目、相关银行凭证等书证相互印证，已形成证据链，能够证实潘某光、方某光、张某琴、潘某良四人对某纺织公司享有的债权不真实，涉及的债权转让及潘某良享对某纺织公司的债权亦不真实。检察机关可以依据前述事实对人民法院的执行活动提出监督意见，无须等待刑事判决对此作出认定。

2. 破除“先刑后民”的思维定式，优先认定民事法律事实，及时维护当事人合法权益。在刑民交叉案件中，当民事案件必须以相关刑事案件的审理结果为依据的，而刑事案件尚未审结的，人民法院一般应当根据《民事诉讼法》第 150 条第 5 项（现为第 153 条第 5 项）的规定裁定中止诉讼，待刑事案件审结后，再恢复民事案件的审理，即遵循“先刑后民”的原则。但是，如果机械参照该原则，可能会给当事人造成无法挽回的损失，民事主体更加注重自身权益的保护，反而期待实现“先民后刑”。在执行监督中，要主动打破这种“先刑后民”的思维定式，能够对案件中的民事法律事实予以准确认定的，应及时进行监督。本案中，人民法院已裁定将某纺织公司的部分房屋所有权、国有土地使用权抵偿给潘某良，但未办理变更登记手续。如果一直等待刑事判决，而相关民事执行又不中止，则可能导致某纺织公司的财产被错误执行给潘某良，造成无法挽回的损失。为此，检察机关破除“先刑后民”的思维定式，主动作为，及时发出检察建议，最大限度地减少虚假诉讼给权利人带来的损害。

3. 通过对人民法院执行活动的监督，揭开虚假仲裁“面纱”，有效维护司法秩序。虚假仲裁，是指仲裁双方当事人恶意串通，捏造事实、伪造证据，虚构法律关系等，通过符合程序的仲裁形式，使仲裁机构作出错误裁决、调解书或根据其和解协议作出裁决书，从而达到损害他人利益、谋取非法利益的目的违法行为。因其方式具有封闭性，导致虚假仲裁的“面纱”很难揭开。但虚假仲裁的最终目的是非法利益合法化，通过人民法院执行仲裁裁决是当事人实现目的最有效的途径。本案仲裁裁决书是双方当事人恶意串通，通过伪造证据、虚构债权转让关系而骗取的。在仲裁文书进入人民法院执行程序后，检察机关通过对人民法院执行活动的监督，最终揭开虚假仲裁的“面纱”，不仅维护了司法秩序，也取得了监督虚假仲裁的效果。

4. 充分发挥检察监督职能，为非公经济健康发展保驾护航。非公有制经济是社会主义市场经济的重要组成部分，是我国经济社会发展的重要基础。充分发挥民事检察职能，服务和保障民营经济健康发展，既是民事检察的职责所在，也是做强民事检察、提升工作影响力的重要抓手和途径，更是民事检察服务大局的政治责任。孝感市检察机关加强对涉及民营企业诉讼活动的监督，为非公有制企业发展营造良好的法治环境。某纺织公司系大悟县纺织服装龙头骨干企业，因公司前任法定代表人与他人串通侵占公司资产，导致公司陷入僵局。检察机关及时介入，避免该公司大部分资产因虚假仲裁而被错误执行，切实维护了非公有制经济主体的合法权益。

（湖北省孝感市人民检察院　朱盼）

相关规定

1.《中华人民共和国民事诉讼法》第一百五十条、第二百三十七条（现为第一百五十三条、第二百四十四条）

2.《最高人民法院关于人民法院办理仲裁决执行案件若干问题的规定》第十五条